Wilhelm Scholz

Schultze und Müller in Amerika

Wilhelm Scholz

Schultze und Müller in Amerika

ISBN/EAN: 9783744633956

Hergestellt in Europa, USA, Kanada, Australien, Japan

Cover: Foto ©Andreas Hilbeck / pixelio.de

Weitere Bücher finden Sie auf **www.hansebooks.com**

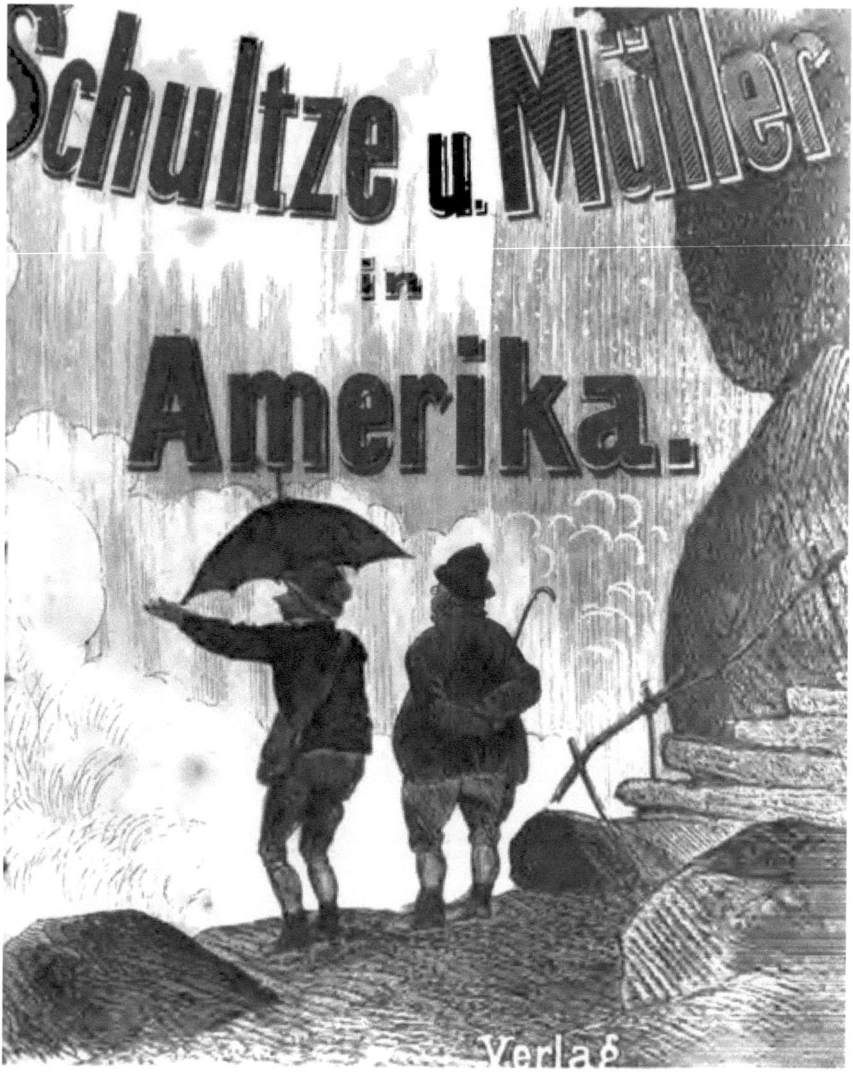
Schultze u. Müller
in
Amerika.
Verlag

Prolog.

Müller.   Schultze, hör', mir ist nich wohl
      In der Metropole
      Bei den ew'gen Zeitungskohl,
      Den der Deibel hole!

Schultze.   Recht! Auch mir schon widersteht
      Das Parteigewirre,
      Das noch lang so weitergeht,
      Wenn ich mir nich irre.

Müller.   Ueberall noch Dämmerniß,
      Nirgends was Jewisses! —
      Sag' mir, ob es nich so is?

Schultze.   Müllerken, so is es!

Müller.   Nun wie wär's darum, wenn wir
      Wieder was riskirten,
      Irgendwo, recht weit von hier,
      Unser Glück probirten?!

Schultze.	Aber wo? Wenn nur die Wahl Nich so schwierig wäre!
Müller.	Nun denn, wechseln wir einmal Mit de Hemisphäre!
Schultze.	Er is doll! Ich dacht' es ja —
Müller.	Schultze, hör'! Ein Ahnen Sagt mir, in Amerika Blüh'n uns neue Bahnen.
Schultze.	Müller! Die Idee an sich Is ja keine dolle, Aber denk' — ich bitte Dich — Denk' doch an die Olle!
Müller.	Laß' die Olle Olle sein! Mit dem ersten besten Dampfer schiffen wir uns ein Und — Hurrah! nach Westen!
Schultze.	Müller, Müller! Du verlockst Mir zu böse Streiche.
Müller.	Wie? Du säumst? Du schwankst? Du stockst? — Nun — dann troll Dich! weiche!
Schultze.	Weichen? — ich? — Fällt mir nich in! Bin ich nicht derjen'ge, Der Dir folgt durch Dick und Dünn, Als ein Freund wie wen'ge?
Müller.	Also topp!
Schultze.	Der Würfel fällt!
Müller.	Und es siegt die Treue!
Beide.	Pereat die alte Welt! Vivat hoch die neue!

Auf der Berlin-Hamburger Bahn. Nachtzug.

Schultze. Müller, schläfst Du?

Müller (schnarcht).

Schultze. Müller, diese Töne kommen Dir nicht von Herzen. Du suchst damit die Stimme Deines Gewissens zu übertäuben. Hör' mal, ich will Dir etwas sagen.

Müller (schnarcht).

Schultze. Du willst nichts hören, meinst Du?

Müller (schnarcht).

Schultze. Du hast ganz recht mit dem, was Du eben bemerktest. Dir fängt die Sache an graulich zu werden und Du fühlst Dir als moralischer Urheber einer noch unabsehbaren Schandthat. O Müller, wohin sind wir gekommen? —

Schaffner (die Wagenthür öffnend). Station Nauen! — Drei Minuten Aufenthalt!

1*

Müller (plötzlich auffpringend). Drei Minuten? Da will ich doch 'was. Warnes zu mir nehmen. Mir is janz fchwach geworden von des ew'ge Fahren.

Schulße (zu Müller, während derfelbe aussteigt). Nu feh' mal Einer, wie er plötzlich munter wird. — Mach' nur fchnell, fput Dich; — es geht ja gleich weiter. — — Nee, es is doch ein fchreckliches Reifen mit Müller. So lange die Mafchine in Bewegung ist, fchläft er oder thut wenigstens fo, und fo wie es mal anhält, muß er frühstücken. Ein recht unterhaltender Reifegefährte! —

Schaffner (ins Coupé rufend). Fehlt hier noch Jemand?

Schulße. Freilich, Müller!

Schaffner. Das hilft nichts; es geht jetzt weiter. (Schlägt die Thür zu.)

Schulße (aus dem Fenster rufend). Um Gotteswillen! Müller — Müller! — Mülleeeer!

(Der Zug fährt ab.)

Schultze's Ankunft in Hamburg.

(Scene: Der Berliner Bahnhof in Hamburg.)

Schultze (noch im Coupé.) Da wär' ich also in Hamburg. Am besten ist's wohl, ich warte auf dem Bahnhof auf Müllern. Mit dem nächsten Zug kommt er sicher.

(Während Schultze im Begriff ist auszusteigen, nähert sich ihm ein Polizeibeamter, fixirt ihn scharf und faßt ihn am Arm).

Polizeibeamter. Halt, Freundchen! halt! — Wo haben Sie Ihre Legitimation?

Schultze (will in die Tasche greifen, besinnt sich aber). Schwerebrett! Nu hat Müller die ganzen Papiere.

Polizeibeamter. Sie haben vermuthlich Ihre Legitimation einem Bekannten gegeben, der Ihnen unterwegs abhanden gekommen ist.

Schultze. Allerdings hab' ich das.

Polizeibeamter. Hahaha! Sie wollen vermuthlich nach Amerika?

Schultze. Allerdings will ich das.

Polizeibeamter. Wirklich? Nun sehen Sie, das wußten wir schon. — Sie heißen.

Schultze. Schultze!

Polizeibeamter. Das wird sich gleich finden. — (zieht einen Zettel hervor und liest:)

Statur: lang und hager. — Stimmt!

Haare: roth. — Stimmt!

Bart: roth und voll. — Stimmt nicht! — Stimmt! Unterwegs abgeschnitten.

Nase: gebogen. — Stimmt!

Mund: Ungewöhnlich gewöhnlich. — Stimmt!

Besondere Kennzeichen: ein Leberfleck auf dem rechten Schulterblatt. — Stimmt höchst wahrscheinlich! —

Herr Schultze, Sie heißen Schummel und werden wegen Durchbrennens mit einer bedeutenden Summe von Berlin aus telegraphisch verfolgt. Schummel, ich verhafte Sie hiermit.

Schultze. Na, so was lebt nicht! Den Augenblick lassen Sie mich ruhig aussteigen.

Polizeibeamter. Schummel, Sie zwingen mich Gewalt zu brauchen.

Schultze. Ich sag Ihnen, Sie lassen mich los!

Polizeibeamter. Her zu mir!

(Auf den Wink des Beamten eilen zwei Polizeisoldaten herbei. Schultze wird überwältigt und in's Gewahrsam gebracht.

Hamburg. Der Abschied vom Continent.

(Scene: eine comfortable Restauration. Schultze und Müller mit einem Fremden an einem Tische, der mit verschiedenen kalten Speisen und Weinflaschen besetzt ist. Ihre Stimmung ist bereits etwas gehoben).

Schultze. Es ist noch'n großes Glück, Müller, daß Du mir so bald gefunden und aus das gräßliche Verließ 'rausgeholt hast.

Müller. Das verdanken wir dem Herrn hier, dessen Bekanntschaft ich unterwegs auf der Bahn machte. Er hat mich zuerst darauf gebracht, daß sie Dir möglicherweise könnten eingesteckt haben.

Schultze. Ich bin Ihnen sehr verbunden, Herr — — wie ist doch Ihr Name?

Fremder. Der Name thut nichts. Verlassen Sie sich darauf, lieber Herr Schultze, Sie haben gar keine Ursache, mir verbunden zu sein.

Schultze. Sie sind zu bescheiden. — Ich trinke auf Ihr Wohlsein.

Fremder. Ich auf das Ihrige. — Kellner, bringen Sie noch zwei Flaschen von diesem Rothspohn.

Schultze. Siehst Du, Müller! so schwer hatte ich die Folgen Deiner Unmäßigkeit zu büßen. Aber es soll vergessen sein. Hoffentlich ist dies das letzte Pech, das uns für's Erste auf dem Continent passirt ist. Die Plätze sind bestellt; morgen geht es per Kohlenschiff nach Liverpool.

Müller. Weißt Du, Schultze, daß der Herr uns nach Amerika begleiten wird?

Fremder. Falls die Herren mir gestatten, der Dritte im Bunde zu sein. —

Schultze. Mit größtem Vergnügen. — Aber sagen Sie, was zieht Sie denn eigentlich nach Amerika?

Fremder. Eine Bagatelle, verehrter Herr Schultze. Die Sache ist die: Onkel im Staat Ohio. — Plötzlicher Schlagfluß. — Eine Million Dollars. — Nachricht per Kabel. — Voilà tout!

Schultze. Und Sie treten die Erbschaft an?

Fremder. Trete die Erbschaft an, Herr Schultze.

Schultze. Donnerwetter nochmal! — Darauf müssen wir anstoßen. — Es lebe der Onkel.

(Sie stoßen an.)

Fremder. Charmanter Einfall von Ihnen, theurer Herr Schultze! — Kellner, stellen Sie einige Cliquots kalt!

Müller. Wird es nicht 'n Bisken zu ville werden?

Fremder. Wo denken Sie hin? — Uebrigens sind Sie meine Gäste. Ich zahle Alles.

Schultze. Denken Sie in Amerika zu bleiben?

Fremder. Wenn mir das Klima zusagt, bleibe ich dort und übernehme die Farm des verstorbenen Onkels. Meine Herrn, ich rechne mit Bestimmtheit darauf, daß ich Sie dort auf längere Zeit bei mir sehen werde. — Indessen hier ist der Champagner. Leeren wir ein Glas auf Amerika!

Alle Drei. Es lebe Amerika! — (Stoßen an und trinken.)

Schultze. Ich kann mir noch immer nich darüber beruhigen, daß sie mir eingestochen haben. Sagt mir doch, Menschen, bin ich lang und und hager? Seh' ich aus wie ein Betrüger? Seh' ich aus wie Einer, der Schummel heißen könnte?

Fremder. Ich versichere Sie, hochgeschätzter Schultze, daß Sie durchaus keine Aehnlichkeit mit einem Individuum der Art haben. Der Teufel hole den Schummel!

Müller. Sieh nur, da kommt eben so 'n Polizeimensch ins Lokal. Ich hätt' wohl Lust, ihm zu ärgern.

Schultze. Nimm Dir man in Acht, daß sie Dir nich auch noch festsetzen.

Fremder (erbleichend und plötzlich aufstehend). Meine Herren, ich verlasse Sie auf einen Augenblick. Ich geh' nur bis zur nächsten Ecke nach dem Cigarrenladen. Sogleich bin ich wieder hier.

Schultze und Müller. Lassen Sie nicht zu lang auf sich warten. (Der Fremde entfernt sich.)

Müller. Na, wie gefällt er Dir?

Schultze. Ein sehr angenehmer Mensch! — Müller, jetzt is mir mollig. Lang' mir Dein Glas her; wir wollen auch noch dem alten Continent een paar Tropfen weihen. •

(Eine halbe Stunde später.)

Schultze. Es wundert mich, daß unser amerikanischer Erbe noch nich zurück ist.

Müller. Er wird sich doch nicht verlaufen haben.

(Ein Dienstmann tritt ins Lokal und nähert sich den Beiden.)

Dienstmann. Sind Sie vielleicht die Herrn Schultze und Müller aus Berlin?

Schultze und Müller. So is es.

Dienstmann. Hier ist ein Zettel für Sie von dem Herrn, der Sie vor Kurzem verlassen hat.

Schultze. Her damit! — (Er ergreift den Zettel und liest:) — „Lieben Freunde! Ich muß Ihnen, wenn auch nicht für immer, Lebewohl sagen. Besondere Umstände nöthigen mich, mit einem soeben abgehenden Dampfer diese Stadt zu verlassen. Meine kleine Zeche werden Sie vorläufig berichtigen. Wir werden uns wiedersehen. Als Erkennungszeichen habe ich die Sackuhr Schultze's und das Portemonnaie Müllers (leider nicht das größte) mitgenommen. — Rendez-vous: Swindeltown in

Ohio, unter der großen Syfomore vor dem Stadtthor. Wer zuerst dort eintrifft, wartet auf die andre Partei. — Mit tausend Grüßen

Ihr unvergeßlicher Freund

Schummel."

(Schultze läßt den Brief fallen. Er greift in die Tasche nach seiner Uhr, Müller nach seinem Portemonnaie. Beide Gegenstände sind verschwunden. Eine Zeitlang stehen sie wie versteinert, bis sie endlich in ein gleichzeitiges „Nanu" des Schreckens und Entsetzens ausbrechen.)

Von Hamburg nach England. Kohlenschiff.

Müller. (Im Finstern sein Lager bereitend.) Na nu is et jut, det nennt die verfluchtige Bande Fahrjelejenheet! O Schultze, mich ahnt eene jrauenvolle Zukunft in diesen Kohlenkasten. — Nischt als Kohlen un Theerjeruch, un wo man hinsieht aejyptisches Duster, un wo man hintritt Nebenmenschen und Leidensjenossen, die wie kranke Borstdorfer Aeppel uf Strohmatratzen 'rumliegen. (Nach einer Pause.) Schultze warum antwortest Du mich nich, wenn ick nach Dich schreie aus die Finsterniß? (Stößt seinen Nachbar zur Linken in die Rippen.) Hallunke, wie kannste schlafen bei meiner Jammerniß un det Elend von Deine Mitmenschen!

Stimme. Ei Herrjähßes, sind Se des lebendigen Deibels, mich so in die Rippen zu stoßen, wenn ich äben im Eindrummeln begriffen bin und mein Elend verschlafen will.

Müller. Nu äben! können Sie det denn nich gleich sagen, det Sie nich Schultze sind? Dämlak mit 'n weechen T! (Er stößt seinen Nachbar rechts.) Schultze ick sage Dir in allem Juten, wenn Du mir soppst un nich gleich ufwachst, denn hau ick Dir eene 'run im Finstern,

daß die electrischen Funken Dir bataillonsweise aus die Oogen sprin-
gen sollen — —

Stimme. Bischte gleich still, Berliner Windbeutel! i will schlaafe
und der Schwarze soll di in Dein Gedärm 'nein foahre, wenn Du nit
Ruh giebscht.

Müller. Jut! Eene neue Verwechslung von die Vaterländer.
Schuft von eenem Schultze, wo bist Du? (schreit) Schultze! Schultzö!
Schultzööööö!

Schultze (aus einer fernen Ecke). Wer ruft mir? Ist es Müller,
der so jräßlich durch die Nacht brüllt?

Müller (stöhnend). Schultze, das Schiff schaukelt so. Mir is
schrecklich zu Muth; — es jeht zu Ende mit mir. Komm zu mir,
damit Du mir noch 'n Dienst leistest. Du mußt mir den Kopf —

Schultze. Wart nur noch eenen Oogenblick, ich komm schon. Ich
bin eben im Bejriff, durch den Kohlenraum n' Diajonale nach Dir zu
ziehen. — (Er setzt sich in Bewegung. — Schrecklicher Schrei.)

Stimme. Soll Di doch gleich das Wetter verschloage, verdammter
Prüsch! Hoast mi just in den Moage g'tret'n mit Dei sackrische Com-
mißstiefle.

Schultze. Na, soll ick etwa Balletschuh' dazu anziehn? So ville
wirft des Jeschäft nich ab.

Stimme. Wilscht mi noch utze, verdammter Prüsch? — Warte!
— (Man hört wuchtige Schläge fallen.) ·

Schultze. Männeken, Sie wenden sich an eene falsche Adresse,
aber det schadet nischt. Nur immer lustig druf, ick bin jar nich neibisch.

(Man hört Flüche, Schreien und das Toben einer allgemeinen
Keilerei, die immer größere Dimensionen annimmt Die Lucken werden
jetzt aufgerissen und einige handfeste Matrosen erscheinen mit Laternen
und nassen Stricken, um den lustigen Mäusen des Kohlenraums zu
ihren respectiven Schlafstellen zurückzuleuchten.) —

(Zwei Stunden nach Mitternacht).

Schultze (plötzlich aus dem Schlaf auffahrend und sich die Augen
reibend.) Na nu! Ick jloobe jar, da macht sich eener den Witz und
zwickt mir in die Beene. — Au! Deibel! Müller mach' keene schlechten
Witze! Wat Donnerwetter, da kneipt et schonst widder un eben is mich
wat über die Beene jeloofen. (Mit den Füßen schlagend.) Herr Jott,
mir jetzt eene Calciumsonne uf, disset Jequitsche un Jekrabble — det sind
Ratten! (Aufspringend.) Sauve qui peut! Rette Dir, wenn Du nich
zum Hatto werden willst — die Ratten entern det Schiff! Müllääär!
Müllääär! Du wirst anjefressen!

Müller (erschreckt aufspringend und über einen Nachbar fallend)·
Feuerjo! Feuerjo!

(Großer Tumult).

Stimme. Hülfe! Mörder! Banditen!

Stimme. De Dübel ooch, wat het jü denn wedder? Mi Nöse!
Mi Nöse!

Müller (schreiend). Na nu, wat verarbeiten Sie mich denn det
Rippenfell? Bin ick Schuld, wenn et uf dissen „verwunschenen Engländer"
brennt! Herrjotthimmelmillionenkreuzschockschwerebrettdunnerwachsstock!
Ick kann ooch wüthend werden.

(Es fallen Hiebe; allgemeine Keilerei)

Steuermann (durch die Luke brüllend). Düvelspack, will jü wohl
bald Ruh gäven, oder sollen wir dritte Mann speelen!

Schultze. Nee, incommodiren se sich man jar nich, wir werden
schonst alleene fertig.

Capitain. Wat gifft et drünnen?

Stimme. Nur eine kleine unparlamentarische Unterhaltung.

Müller (hauend). Wir versuchen man bloß, auf diesem nicht mehr ungewöhnlichem Wege eine norddeutsche Einigkeit herzustellen.

Schultze. Weiter hat's keinen Zweck.

(Die Ruhe wird erst wieder hergestellt, nachdem der **Kapitain** mit einem „in Ketten legen" gedroht hat.)

Müller an seine Frau.

Liverpool in Old England.

Liebe Gattin und Juste!

Wenn unser heimliches Ausrücken aus Berlin eine Sünde war, welche harte Strafe verdiente, so kann ich wohl sagen, sind wir bereits hinreichend vom Engel der Rache dafür abgestraft worden. Meiner Rechnung nach müssen wir sogar schon wieder was zu Gute im Contobuch des Schicksals zu stehen haben. — Von die gräßlichen Abenteuer in Hamburg und unterwegs auf das Kohlenschiff will ich noch gar nich mal reden; was uns aber hier in Liverpool (spr.: — puhl) passirt ist, das übersteigt denn doch Alles, was ich je an unerhörter Schändlichkeit in Reisebeschreibungen gelesen habe.

Kaum sind wir hier also ans Land gestiegen, als mir auch schon Schultze im Gedrängel abhanden kommt. Zugleich auch fühle ich, daß mir ein sogenannter „Policeman" (spr.: Schutzmann), der mir schon, während ich noch auf dem Schiff stand, scharf beobachtet hatte, am Kragen faßte. Durch nicht mißzuverstehende Geberden machte er mir deutlich, daß ich ihm folgen müsse. Einigen Gentlemen (spr.: Bummlern) die sich bei ihm nach dem Grunde meiner Verhaftung zu erkundigen schienen, gab er eine Antwort, aus der ich den Namen „Stephens" heraushörte. Kein Zweifel, ich war für den berüchtigten Fenierhäuptling „Stephens" gehalten und als solcher verhaftet worden. Im Gefühl

meiner Unschuld hätte ich mich widersetzen können, aber das ist in Eng=
land eine schlimme Sache, weil sie da den Habeascorpus haben, b. h.
wenn sie einen gekriegt haben, wird er so leicht nicht wieder losgelassen
und wenn er zehnmal ein falscher ist. Also folgte ich dem Policeman,
begleitet von einer Horde Liverpooler Straßenjungens, denen jejenüber
mir unsere Berliner Gamins wie Liebesjötter vorkommen.

So wurde ich also richtig cinjespunnt und nachdem ich die Nacht
in einen jämmerlichen Behältniß zujebracht hatte, am andern Morgen
vor den Richter geführt. Während ich nun von meinem Policeman
durch die eine Thür in das Verhörszimmer geführt werbe, wird durch
die andre Thür Schultze, der gleichfalls als vermuthlicher Stephens
gleich nach der Landung arretirt ist, durch einen andern Policeman
hineingeführt. Wahrscheinlich sollten wir confrontirt werden, damit sich
ergebe, welcher von uns beiden der wirkliche Stephens sei. Nun denke
Dir dies Wiedersehn mit Schultzen! Wir wären uns in die Arme jeflo=
gen, wenn nicht die beiden Constabler uns an den Rockschößen zurück=
gehalten hätten.

Notürlich trat vor Gericht, da unsere Papiere in Ordnung waren,
unsere vollständige Unschuld zu Tage. Dennoch wurden wir nach been=
detem Verhör wieder ins Jefängniß zurückgeführt und nachdem wir

wegen Erregung von Irrthum und scheinbarem Aufruhr noch 24 Stunden abgesessen, wurden wir mit einer tüchtigen Vermahnung, von der wir leider kein Wort verstehen konnten, entlassen.

Nach diese ausgestandenen Mühsale machen wir einen kleinen Spaziergang in die Stadt, um uns ein bischen zu erholen. Bei die Jelegenheit kommen wir an eine kleine Kneipe, die uns von außen den Eindruck macht, als wenn es da wohl eine Weiße jeben könnte. — Wir also 'rein! Durch einen Gang kommen wir auf einen kleinen Hof, wo sich eine Art von Einzäunung befindet. An den Zaun herum stehen eine Menge anständig gekleidete Herren und mitten auf den umzäunten Platz wird ein Kerl in aufjekrempelte Hemsärmel stehn, der sich janz wie unsinnig geberdet. — Aber was jeschieht nu? — Kaum erblickt die Versammlung meinen Schultze, als sich von allen Seiten ein furchtbares Jebrüll erhebt. Darauf kriegen einige von die Umstehenden Schultzen zu packen, ziehen ihm den Rock aus und stucken ihn in die Umzäunung, wat man hier „Ring" nennt. Sofort fällt der Kerl in Hemsärmel über Schultzen her, legt ihn zu Boden und bearbeitet ihn dermaßen mit den Fäusten, daß Schultze denkt, er wird nie wieder in seinem Leben eine Weiße trinken. Anfangs jlaubte ich natürlich, daß wir in eine Mörderhöhle jerathen wären, hernach aber klärte sich Alles anders auf. In dem Lokal, wo hinein wir uns verbiestert hatten, sollte nämlich ein Wettkampf zwischen zwei Preisboxern stattfinden, wovon der Kerl in den aufjekrempelten Hemsärmeln der eine war. Als nun Schultze eintrat, war er, vielleicht weil er eine äußerliche Aehnlichkeit davon hatte, aljemein für den erwarteten Gegner gehalten und dem entsprechend behandelt worden. — Jeden-

falls hatten wir den Schaden von dieses Mißverständniß. Im bewußt-
losen Zustande schaffte ich Schultze in einem Cab (spr.: Droschke) nach

das Emigrantenhotel. Da sitzen wir nu bei jämmerliche Verpflegung in
düsterster Stimmung und ich muß Schultze in eins weg kalte Umschläge
über Kopf und Rücken machen.

Du kannst Dir also wohl denken,
daß wir hier in Liverpool nich allzu-
ville Vergnügen haben. Ein paar
Mal habe ich mir allein in die Stadt
gewagt; aber es kommt mir da jrau-
lich vor und ich ängste mir, daß mir
auch so etwas wie Schultzen in den
Preisboxercircus begegnen kann. Uebrigens scheint mir Liverpool ein ziemlich
verräuchertes und langweiliges Nest zu
sind, und man sieht auf den Straßen
viel Engländer, die überhaupt in
England häufig sein sollen, was schon
Heinrich Heine als einen jroßen Uebel-
stand in diesem sonst von der Natur
so reich begabten Lande empfunden hat.

Jottlob, morjen verlassen wir Old England, um uns auf das Emi-
grantenschiff „Death and devil" (spr.: Tod und Teufel) nach Newyork

zu bejeben. Da ich nach dem Vorhergegangenen bezweifle, daß ich diese Fahrt überstehen werde, so nehme ich von Dir, als von meiner zukünftigen Wittwe, vorläufig zerührten Abschied und verbleibe bis dahin

Dein Aujust und Jatte
Müller.

Schultze's Abschied von Europa.

Vorbemerkung von Müller.

Jestern Abend, als wir schon zu Bett waren, fing Schultze auf einmal an gesprächig zu werden und mir über Allerlei auszufragen. Ich gab ihm wie gewöhnlich über Allens scharfsinnige und jeistreiche Antworten. Heute nun zeigt er mir ein Jedicht, das er in der Nacht ge-

macht hat, und zu meinem Erstaunen entdeckte ich darin eine hübsche Anzahl meiner eigenen Gedanken, die Schultze gestern Abend schlauerweise aus mir herausgeholt hat. Außer mir hat er übrigens auch noch andre Schriftsteller benutzt und habe ich daher in ganz kurzen Anmerkungen zu seinem Jedicht immer hinzujefügt, wo er es her hat. —

2

Abschied von Europa.

Leb' wohl, Europa! Lebe wohl, du alte,
Von Leidenschaften durchgetobte Welt!
Leb' wohl, leb' wohl, du Heimath der Basalte,[1])
Wo Alles fast zu haben ist für Geld.[2])
Wo Parlamente donnernd Freiheit heischen,
Wo ER beständig was zu mäkeln hat,[3])
Wo Völker sich im Bruderkampf zerfleischen, —[4])
Europa, lebe wohl! Ich hab' dich satt.

Leb' wohl, leb' wohl, du alte Hemisphäre,
Wo Wonne noch aus Fürstengnade quillt;
Wo noch als Unglück gilt des Knopflochs Leere,[5])
Wo ungewiß die Zukunft[6]) sich verhüllt.
Leb' wohl du Land, wo an der Panke Borden
Ihr stolzes Haupt erhebt die Metropol'![7])
Leb' wohl du Land der Titel und der Orden!
Ich geh' von dir — Europa lebe wohl!

Auf nach Amerika, wo unbefrackte
Ursprünglichkeit durch Hinterwälder strolcht,[8])
Wo der Indianer über Cataracte[9])
Hinunter stürzt, vom Bleichgesicht verfolgt.
Wo Hummer, Lachs und frischen Bärenschinken[10])
Der Wildniß Sohn[11]) unübertüncht genießt;
Wo Bisons aus dem Mississippi trinken,[12])
Der sanftgeschlängelt die Prairie durchfließt.

Auf, Müller, auf! und laß' das bange Zagen
Des Freundes Stärke füll' auch Dich mit Muth!
Bald werden uns die Wellenrosse[13]) tragen
Hin durch des Pontus unwirthbare Fluth.[14])
Die Segel blähn sich unter Windeshauchen —
Bald sehen wir des neuen Welttheils Strand
Empor vor unsern frohen Blicken tauchen
Und rufen jubelnd wie Columbus: Land![15])

---

1) Göthe. 2) Müller. 3) Müller. 4) Claßen-Kappelmann. 5) Müller.
6) Herausgegeben von Dr. Johann Jakoby. 7) Scheerenberg. 8) Müller.
9) Lenau. 10) Seume. 11) Trauerspiel von Halm. 12) Müller. 13) Schiller.
14) Homer oder ein anderer oller Grieche. 15) Müller.

Auf der Fahrt
von
Liverpool nach New-York.

1.
Sendschreiben Schultze's
an die Redaction des Familien-Journals.
Eine Schreckensnacht auf dem Ocean.
Reiseskizze von F. Schultze.

Wir waren unsrer 489 Auswandrer, die wir auf dem „Death and devil", einem alten wurmstichigen Segelkasten, der den Versicherungen des Steuermanns zufolge bereits den dreißigjährigen Krieg mitgemacht hatte, zur See von Liverpool nach New-York befördert wurden.

Ueber unsrer Fahrt waltete von vornherein eine unheimliche Vorbedeutung. Schon am fünften Tage, nachdem wir Liverpool verlassen,

2*

sah sich der Capitain — die abgefeimteste der mir je vorgekommnen Galgenphysiognomien — genöthigt, die tägliche Ration pro Auswandrer auf 1¼ Loth Schinken, vier Backpflaumen und ⅓ Tassenkopf Reis (Kinder unter 10 Jahren die Hälfte) herabzusetzen.

Ich hatte mich unterwegs an einen Herrn, Namens Müller, angeschlossen, den ich schon früher unter den Zelten, in Paris, in San Franzisco, in der Walhalla, in der Capstadt, auf der Wache und an anderen durch Gustav Rasch, Gerstäcker und Hans Wachenhusen berühmt gewordenen Orten getroffen hatte. Auf diesen Müller, dessen Glaubwürdigkeit ich durch vielfache Atteste hiesiger und auswärtiger Behörden zu bescheinigen im Stande bin, werde ich im Verlauf meiner Erzählung noch öfter zurückkommen.

Es war, wie gesagt, der 10. März und mein Geburtstag. An diesen Tag oder vielmehr an die demselben folgende Schreckensnacht werde ich denken, so lange ich lebe. Morgens um 7 Uhr 17 Minuten nach meiner Uhr hatten wir genau den 27. Grad westlicher Länge überschritten. Das Thermometer wies 12 Grad Fahrenheit. Meine Stimmung war flau. Als ich am Vormittag auf das Verdeck kam, lag die See da so fest schlafend wie ein Landrath nach dem Wahltage. Kein Wellenroß kräuselte sich, die Segel hingen schlaff herunter. Delphine plätscherten im Kielwasser, Haifische umschwammen das Schiff, ruhig auf das Begräbniß einiger Auswandrer wartend, — ab und zu schossen fliegende Fische durch das Takelwerk.

Am Mittag erhob sich eine schwache Brise aus SSO.

Am Nachmittag ging der Wind nach NNW. über, ohne daß sich an der Situation etwas änderte. Zwischen 2 und 3 Uhr ließ sich in der Entfernung ein Wallfisch sehen. Entree wurde von demselben nicht beansprucht.

Gegen Abend begab ich mich wieder auf das Verdeck und traf dort Herrn Müller, der mich auf das sonderbare Benehmen des Steuermanns aufmerksam machte. Derselbe nahm, wie in Gedanken, eine Prise über die andre, während er mit bedenklichem Gesicht nach Nordwesten schaute. Wir schlossen daraus nicht mit Unrecht, daß es zur Nacht einen tüchtigen Sturm geben würde.

Als es dunkel wurde, forderte ich Herrn Müller auf, meinen Geburtstag mit mir zu feiern, worauf er um so lieber einging, als er sich erinnerte, diesen Tag schon einmal mit Humboldt und mir zusammen auf dem Gipfel des Chimborasso in sehr vergnügter Stimmung verlebt zu haben. Zum dritten im Bunde nahmen wir den Capitain, der, abgesehen von seinen schlimmen Eigenschaften, immerhin eine Art Galgenhumor besaß und kein übler Gesellschafter war.

Also begaben wir uns in die Cajüte und mischten ein starkes Getränk aus Cognac, heißem Wasser und Zucker. Meine Stimmung war düster, Müller's desgleichen. Vergeblich versuchte der Capitain durch Erzählungen vom Todtenschiff und vom gespenstigen Steuermann, uns aufzuheitern. Nach länger fortgesetztem Trinken wurden wir etwas gesprächiger. Ich sprach mit Müller über Berlin. Wir ließen Berlin, Preußen, Norddeutschland, den Reichstag, die Einigkeit, die Großmuth und noch viele andere Dinge der Art leben, welchen Toasten sich der Capitain bereitwilligst anschloß. Ich trank mit Müller Brüderschaft, wobei ich mich erinnerte, daß wir schon früher einmal — ich weiß nicht mehr genau, ob bei Clausing oder in Rio de Janeiro dasselbe gethan hatten. — Wir tranken Beide mit dem Capitain Brüderschaft, — Wir

sangen Lieder wie: „Hier sitz' ich auf Rasen, mit Veilchen bekränzt" und
„Brüder, lagert euch im Kreise!" und andere, die unserer Situation angemessen waren.

Bis dahin war Alles in der Atmosphäre noch ganz ruhig gewesen.
Jetzt auf einmal ging es los. Einer jener furchtbaren Orkane oder
Wirbelstürme, wie sie zwischen dem 40. und 50. Grad nördlicher Breite
so häufig sind, mußte wohl das Schiff erfaßt haben. Alles in der Cajüte gerieth plötzlich ins Rollen und Schwanken. Das Schiff schien
auf's Heftigste von den empörten Wogen hin- und hergeworfen zu werden. Als ich mich vom Stuhle erhob, bemerkte ich, daß es mir vollständig unmöglich war, mich auf den Beinen zu erhalten. Ebenso er-
ging es Müller und dem Capitain. Ich sah wohl, daß sie mir etwas
sagen wollten und ich selbst wollte ihnen auch etwas sagen; aber es war
ein solches Sausen, Brausen und Tosen in der Luft, daß man weder
ein Wort verstehen, noch auch selbst ein verständliches Wort hervor-
bringen konnte. Zwischendurch glaubte ich deutlich das Krachen der
Schiffsplanken, das dumpfe Rollen des Donners, das Jammergeschrei
der ertrinkenden Auswanderer zu hören. — Es war eine entsetzliche
Lage. Jeden Augenblick mußten wir unsern Untergang erwarten. —
Mit unerhörter Kaltblütigkeit wollte ich mir eine Cigarre anzünden,
vergeblich aber bemühte ich mich, den Leuchter, der wie unsinnig auf dem
Tische herumsprang, zu erwischen. Selbst in's Schwanken gerathend,
wollte ich mich am Tische festhalten — — —

Da gab es einen furchtbaren Krach und ich, Tisch, Flaschen, Müller,
Capitain und Alles stürzte durcheinander. Kein Zweifel, wir waren
auf einen Felsen gelaufen. Finsterniß umgab mich. Das Schiff brach
mitten entzwei; — mich verließ die Besinnung — —

Am anderen Morgen erwachte ich zu meiner Ueberraschung in der
Cajüte am Boden liegend. Obgleich ich wie zerschlagen war und mir
Alles weh that, befand ich mich doch am Leben. — Nicht weit von mir
unter den Trümmern des Tisches bemerkte ich die Leichen Müller's und
des Capitains. Auch diese kamen nach einiger Zeit wieder zu sich und
wunderten sich gleich mir über die unerwartete Rettung.

Wir waren glücklich davongekommen. Der Sturm hatte sich aus-
getobt, die See machte wieder ein so ruhiges Gesicht, als ob garnichts

vorgefallen wäre, Delphine plätscherten wieder im Kielwasser, fliegende Fische schossen durch's Takelwerk.

Der „Death and devil" hatte sich glänzend gehalten. Nicht den geringsten Schaden hatten wir erlitten, nicht einen Mann verloren. — Als ich aber am Vormittag vor den Spiegel trat, was erblickten da meine Augen! Mein Haar, das den Versicherungen des Capitains zu=

folge noch am Abend vorher im reinsten Kohlschwarz geprangt hatte, war in dieser einen Schreckensnacht aschgrau geworden.

Notizen aus Müller's Tagebuch.

Seit drei Tagen schon sehen wir nichts als Meer und Himmel. Eine Seelandschaft, wie wir sie jetzt genießen, ist für einen Maler sehr

einfach darzustellen, nämlich durch eine bloße Linie, welche den Horizont bezeichnet. Hildebrand pflegt auch noch eine halbe Sonne hinzuzufügen.

* * * .

Heute hat es ordentlich geregnet. Wozu es auf dem Ocean auch noch regnet, ist mir unbegreiflich.

* * *

Heute sah ich in der Ferne einen Wallfisch; ob er mir ooch gesehen hat, weeß ich nich.

* * *

Ein Haifisch folgt uns seit einigen Tagen. Als Schultze, denselben

beobachtend, sich über Bord lehnte, verlor er seinen Hut, den der Haifisch ohne Weiteres hinunterschluckte.

Durch folgendes Gedicht gebe ich ein **getreues** Bild meiner heutigen Stimmung.

> Da sitz' ich in das Segelschiff
> Inmitten auf dem Meere;
> Hier kriegt der Mensch erst 'n Bejriff
> Von Oedigkeit und Leere.
>
> Was Neues hört man jar nich mehr
> Und trifft auch nich Bekannte;
> Hier kommt die Tante Boß nich her —
> Wie bang ich mir nach Tante!
>
> Ist's hier denn ewig Donnerstag?
> Man ißt sich ja zum Ekel,
> Auch wenn man's sonst recht gerne mag,
> Die Erbsen und das Pökel. —
>
> Das Weltmeer ist mir jar zu naß.
> Mir schaudert vor die Fröße.
> Jetzt wollt' ich man nur bloß noch, daß
> Ich auf dem Trocknen säße!

* * *

Wir sind heute an Neufundland vorüber gefahren, wo die Neufundländer Hunde wild wachsen. Durch den Opernjucker war nichts von denselben zu erblicken.

* * *

Wir sind vor New-York! Jottlob, daß wir wieder auf's feste Land kommen. Nu jetzt des Bummeln los! — Hurrah Amerika! —

Die Ankunft in New-York.

Wir gehören nicht zu jener Klasse von Reisebeschreibern, die, wenn ihnen der Stoff ausgeht, die Spalten ihrer Reisebücher mit blauem Dunst und erdichteten Abenteuern füllen. Es mag das ganz richtig auf den Geschmack des großen Publikums speculirt sein: wir aber, der ungeschminktesten und treuherzigsten Wahrheit fröhnend, glauben es sowohl unsern Lesern, welche Müller und Schultze aus ihren früheren Reisen als völlig glaubwürdige Autoritäten kennen gelernt haben, als auch dem wackern und ehrenwerthen Charakter unseres Heldenpaares schuldig zu sein, auch nicht um eines Roßhaares Breite in unserer Darstellung der Ereignisse von der Wirklichkeit abzuweichen. Wir wollen daher ganz einfach berichten, daß die Reise Schultze's und Müller's über den Ocean ohne weitere Abenteuer glücklich von statten ging. Eines Umstandes nur müssen wir Erwähnung thun, weil er einen blendenden Schlagschatten auf das folgende Capitel wirft. Unter den Passagieren des „Death and devil" befand sich auch eine Frau Knusewald aus Hamburg, welche mit 7 Kindern ihrem schon vor zwei Jahren vorangegangenen Manne in die neue Welt folgte. Bei der bekannten Mildthätigkeit und Menschenfreundlichkeit Müller's und Schultze's konnte es nicht fehlen, daß sie sich vom ersten Tage an der Knusewald'schen Verhältnisse auf's Eifrigste annahmen. Es war — so schreiben uns Mitreisende — ein erhebender Anblick, wenn Schultze, auf dem Verdeck sitzend, zugleich 3 oder 4 der Knusewald'schen Kinder auf seinen Knieen schaukelte, während Müller, an einer andern Stelle der bei ihm stets erfolglosen Kunst des Angelns obliegend, von den übrigen Sprößlingen der Familie Knusewald auf's Anmuthigste umringt wurde. Wie rührend war es ferner anzusehen, wenn die unschuldigen kleinen Geschöpfe von unserm edlen Paar mit allerlei, auf Seeschiffen besonders schätzenswerthen, Leckerbissen erquickt wurden, während die Mutter — eine Mutter im vollsten Sinne des Wortes — hartnäckig jedes Stärkungsmittel, mit Ausnahme von baarem Gelde, Cognac und Schnupftabak, anzunehmen verweigerte.

Aber warum soll unsere Feder auf der Schilderung von Tagen verweilen, von denen einer nur zu sehr dem anderen glich!

Es war — um mit der Gartenlaube zu reden — an einem heitern Sonntag des Jahres 1867, als Schultze und Müller in den über alle Beschreibung prächtigen Hafen von New-York einliefen. Kaum hatten sie mit noch schwankenden Füßen das Land betreten, als Frau Knusewald sie bat, „nur ein Augenblickchen auf die Kinder Acht zu geben." Sie sähe in der Ferne ihren Mann und wolle denselben herbeiholen. Unsere edlen Reisenden erfüllten die Bitte der liebenswürdigen Dame natürlich mit dem größten Vergnügen und also saßen sie auf dem Landungsplatz, zugleich ihr Gepäck und die Knusewald'schen Kinder behütend.

Eine Viertelstunde und noch eine Viertelstunde warteten sie, ohne daß Frau Knusewald zurückkam. Als dann auch noch die dritte Viertelstunde vergangen war, begann zwischen ihnen folgendes Wechselgespräch:

Müller. Hör' mal, Schultze, mir wird das verdächtig. Ich jloobe beinah, Mutter Knusewald is ausjerückt und hat uns mit die sämmtlichen hinterlassenen Kinder im Stich gelassen.

Schultze. Ich hab' schon längst daran jedacht, aber ich jraulte mir, es auszusprechen.

Müller. Wie sollen wir nu die Unmasse von Kindern loswerden. Und dabei wird es immer später und der Magen fängt mir an schief zu stehn.

Ein Kind. Vater! mir hungert. Gieb mir was zu essen!

Sämmtliche Kinder (Müller umringend). Vater! gieb uns was zu essen.

Müller. Nu sieh mal, Schultze, diese Infamigkeit! Da hat diese Creatur von Knusewaldsche die Kinder heimlich angelernt, mir Vater zu nennen. Was soll man dabei thun?

Schultze. Erst mal für uns und die Kinder was zu essen besorgen. Ich geh' in den nächsten Budikerkeller, paß' unterdeß Acht, daß uns nichts wegkommt, besonders aber von den Sachen. — (Geht ab.)

Müller (ihm nachrufend). Schultze, eil' Dir man, daß Du bald zurückkommst! — Ach Jott! 'n schöner Anfang is das in die neue Welt!

Ein fremder Herr (von den Sachen der Reisenden einen kleinen Koffer fortnehmend). With your permission, Sir!

Müller. Infamigter Spitzbube! (Will auffspringen, wird aber
von den Kindern zurückgehalten.)

Kinder. Vater! Vater! Hierbleiben!

Der fremde Herr (zurückkehrend und noch eine Hutschachtel
ergreifend). Beg your pardon, I have forgottensomething! —
(Läuft fort.)

Müller. Spitzbuben! — Diebe! — Halt! — Laßt mich los,
Jöhren! ich muß ihm nach! — Da is er schon um die Ecke und der

Koffer m Schultze's Sonntagnachmittagausgehanzug und Schultze's
neuer Hut is zum Kuckuck. — Wenn Schultze nur selbst wiederkäm! —
Er wird mir doch nich auch noch ausrücken? — (Nach einer Weile.)
Jott sei Dank, da kommt er!

Schultze. Da bring' ich was! Bille is es nich, aber kosten thuts
um so mehr. Schrippe 7½, einfache Butterstulle 10 Sgr. nach unserm
Geld. — (Er vertheilt die Eßwaren unter die Kinder, welche gierig
darüber herfallen.)

Müller. Schultze, hier war während dem Einer, der hat'nen
Koffer und 'ne Hutschachtel von Dir abgeholt. Du hast ihm wohl keinen
Auftrag dazu gegeben?

Schultze (wüthend). J Schwerebrett! Wie kannst Du hier sitzen
und zusehn, wie einer mit meinen Sachen ausrückt?

Müller. Wie kann ich ihm denn nach, wenn mir die Kinder nich
loslassen! — Und wenn ich ihm nu nachrenn' und krieg ihm doch nich
— und unterdeß kommt'n Andrer und geht mit die übrigen Sachen
davon?

Schultze. Laß man jut sein, Müller! Es is mich jetzt schon
Allens einjal, wir sind nu doch mal zu Opfern des Fatums auserkoren.
— Siehst Du, die Kinder werden wir nicht mehr los.

Müller. O Müller! Müller! Wie werden wir uns mit das
Corps durch die neue Welt durchschlagen?!

———

Wir verlassen unsere Reisenden in einer mehr als peinlichen Situation und fügen hinzu, daß sie noch zwei weitere Stunden warteten,
ohne daß Mutter Knusewald zurückkehrte. Endlich blieb ihnen nichts
anderes übrig, als in Begleitung der 7 verlassenen Kinder ihren Einzug
in die Stadt New-York zu halten. Zwei Tage dauerte ihre gemeinsame
Vaterschaft über die bedauernswerthen Geschöpfe. Am dritten Tage
wurde die unnatürliche Mutter, welche bereits ein Verhältniß mit einem
Schwarzen angefangen hatte, mit Hilfe der Polizei ermittelt. Vor den
Polizeirichter geführt, leugnete sie Alles, verlangte den Gegenbeweis und
erklärte die sieben Würmlein ganz keck für Angehörige und Abkömm-
linge Müller's und Schultze's. Wer weiß wie das Ende gewesen wäre,
wenn nicht das transatlantische Kabel in dieser Sache den Retter ge-

spielt hätte. Die Nachrichten über die Verhältnisse unsrer Reisenden, direct aus dem Polizeibureau in Berlin kommend, sprachen entscheidend für deren Unschuld, während, was der Telegraph aus Hamburg berichtete, höchst gravirend für Frau Knusewald lautete. Kurz, das Ende war dies, daß die Rabenmutter ihre sieben Sprößlinge zurücknehmen mußte; unsere Helden aber zogen mit fröhlichem Herzen, um eine große Last erleichtert, von dannen auf neue Abenteuer.

Barnums Museum.

Schultze an seine Frau.

Herzlich jeliebte Jattin!

Nachdem unsere anfänglichen Erlebnisse auf den neuen Continent mehr in das tragische Fach hinüberspielten, freut es mir, Dir endlich etwas mittheilen zu können, was interessant und doch nicht mit Lebensjefahr verbunden ist. Müller und ich waren nämlich jestern in Barnums Museum und sind noch janz voll von das Jesehene.

Barnums Museum in New-York ist ungefähr dasselbe wie Olfers seins in Berlin, aber noch viel mehr in die einzelnen Branchen. Man kann wohl sagen, daß alles da ist. Was nicht lebendig da ist, ist ausgestopft da; was nicht ausgestopft da ist, ist eingemacht da; was nicht eingemacht da ist, das jiebt es überhaupt nicht. Damit will ich jedoch nicht sagen, daß da nicht manche Dinge wären, die es überhaupt nicht jiebt. Wenigstens schien es Müller und mir so, objleich wir freilich keine Autoritäten sind, indem daß wir schon in Jünglingsjahren unsre naturwissenschaftlichen Bücher in die Nähe von Gselllussen zusammen zu verfrühstücken pflegten.

Wie wir nu in das Jebäude reinkommen, was schon von außen

recht stattlich, objleich etwas mit Reclame verbunden ist, indem (wohinter Schöbbl noch nicht gekommen ist) vor der Thür fünf leibhaftige Menschenfresser (natürlich mit Maulkörben) stehn und mit ihren eingebornen Blechinstrumenten einen höllischen Spektakel anrichten! — wie wir also in das Jebäude reinkommen, sag' ich zu Müller: Jetzt wollen wir mit den Catalog in die Hand einen Saal nach dem andern jründlich durchmachen. Jut also, wir beschließen zuerst die Räumlichkeiten für ältere und neuere Kunstschätze im Augenscheine zu nehmen.

Da jingen uns aber die Augen über. Janze Säle gab es da, bloß mit lauter ächte Raphaëls volljehängt. Einige von ihnen erinnerten Müller und mir sehr an die Neuruppiner Bilderbogens, was aber wohl daher kommen mag, daß wir mit Colorit, Nüjangße, Abtonung und andre malerische Kunstausdrücke nich jenug versehen waren. 'Außer die Raphaëls waren natürlich auch noch alle andern berühmten Meister vertreten, von die jrößten Schlachtgemälde mit taufende von lebenden Perfonen darauf bis zu das kleinste Meyerheimchen, „Urgroßvaters Sonntagsnachmittagsräufchchen" betitelt und nich jrößer, wie ein Manschettenknöpp.

Nachdem wir davon jenug hatten, begaben wir uns in die Jallerie von berühmte Zeitjenoffen aus den letzten Band der Weltgeschichte, da jing erst recht das Erstaunen los. Die berühmten Zeitjenoffen fanden sich theils in Wachs, theils jetrocknet und ausgestopft mit und ohne Mechanismus vor. Da war ER, wie ER leibt und lebt, Jaribaldi, Wantrup, Marianne Jrimmert, Louis Jrothe, kurz allens, was während die letzten Jahre in die Blätter jeftanden hat. Denke Dir aber unfer sprachlofes Entfetzen, als in einer Nifche wir felber uns mit die Unterfchrift: „Müller und Schultze, ausgeftopft!" entgegentraten. Als nun gar die ausgeftopften Müller und Schultze vermöge ihres innerlichen Mechanismus anfingen mit die Köppe zu nicken, da erfaßte uns ein niejefehener Schauer und im rafenden Lauf mit hochemporgefträubtes Haupthaar ließen wir die janze Abtheilung hinter uns liegen.

Erst in dem Saal für reißende Thiere und Meerwunder kamen wir wieder etwas zu uns. Hier bedauerten wir es am allermeisten, daß wir Schillings Naturgeschichte in unfrer Jugend fo fehr vernachläffigt hatten. Wenn ich nu hier Namen wie: Plesiosaurus, Pterodactylus, Siebenfüßiger Seehafe, Fliegende Waldkuh, gefprenkeltes Mondfchwein und andere aus dem Catalog für Dich auffchreibe, fo kann Dir das doch nur einen fchwachen Begriff von den fabelhaften Ungeheuern jeben, welche fich in diefer Jegend des Barnumfchen Mufeums dem Blicke des Wandrers darboten.

Noch mehr aber intereffirte uns der folgende Saal, welcher Denkwürdigkeiten aus dem letzten deutfchen Kriege enthielt. Da fahen wir u. a. das Schnapsjläschen Benedeks, in welchem noch ein Reft der bei Königrätz in Verzweiflung jenoffenen Flüffigkeit vorhanden war. Ueber einem Schrank, in dem es unjefähr wie auf dem Mühlendamm ausfah, ftand als Ueberfchrift: „Reliquien des Bundestages." Dann waren da

unter Glas und Rahmen die echten Tagebuchblätter Moltke's mit dem
ganzen Schlachtplan.

Wir waren noch in der Bewunderung dieser Denkwürdigkeiten begriffen, als Barnum selbst, der wohl von unsrer Anwesenheit gehört haben
mußte, auf uns zutrat und uns freundlich begrüßte. Er ist ein Mann

in den mittleren Jahren von einnehmendem Aeußern und gemüthlichem
Wesen. Wie sehr er es hinter den Ohren hat, sollten wir erst nachher zu unserm großen Leidwesen erfahren. — Er bot sich uns zum Führer

an, worauf wir natürlich mit Vergnügen einzingen. Darauf führte er
uns in das Automatenkabinet, das, wie er sagte, seine besten Sachen
enthielt. Am meisten gefiel uns eine künstliche Lucca, welche uns, nachdem er ihr aufgezogen hatte, sofort die ganze Manzanillo-Arie vorschmet-
terte, und zwar so nach dem Leben, daß wir uns nicht enthalten konnten, in lautes Beifallklatschen auszubrechen.

„Das Hauptstück meines Museums," sagte Barnum, als die Arie
zu Ende war, „erwarte ich erst in diesen Tagen aus Europa. Es soll
dem Publikum die Bildung des modernen deutschen Drama's veran-
schaulichen und besteht aus einem einfachen in vier Zellen getheilten
Bretterverschlage. In die erste Zelle setze ich einen englischen Schriftsteller, der vor den Augen des Publikums einen Roman schreibt. Sowie er mit einem Capitel fertig ist, erhält es die Birch-Pfeiffer, die in
der zweiten Zelle sitzt und es sofort dramatisch verarbeitet. Sowie sie
mit einer Scene fertig ist, wird dieselbe in der dritten Zelle einstudirt. Sobald sie einstudirt ist, erfolgt in der vierten Zelle die Auf-
führung."

Diese Idee Barnum's gefiel uns außerordentlich und wir ver-
sprachen ihm, in New-York zu bleiben, bis er das Wunderwerk erhalten
und den Mechanismus in Gang gebracht hätte.

Hierauf führte er uns in ein andres Cabinet, wo sich nichts als
zwei leere Stühle befanden, auf die er uns freundlich zum Sitzen
nöthigte. „Warten Sie einen Augenblick," sagte er, „ich will gleich was
für Sie bringen lassen."

Indem er das sagt, klingelt er, und indem er klingelt, fällt vor
uns ein Gitter herunter und wir sitzen wie in einer Mausefalle. In
demselben Augenblick kommen zwei Kerle und befestigen an das Gitter
eine große Tafel und zugleich stürzen 5 Schwarze mit Trompeten be-
waffnet hinter einen Vorhang hervor und blasen vor unsern Augen
Tusch und 'n boomlanger Kerl von Indianer mit'ne fürchterliche Stimme
schreit in amerikanischer Sprache: „Hier sind zu sehen Müller und
Schultze, die berühmten Berliner Frößen, zum ersten Mal von Barnum
nach den Vereinigten Staaten gebracht und lebendig gezeigt. Punkt vier
Uhr Fütterung. Man bittet sich zu beeilen, da die Ausstellung wegen
Abreise nach dem Westen nur drei Stunden dauert!"

Nu denke Dir diese Gemeinheit! Hatte uns dieser heimtückische

Barnum als lebendige Sehenswürdigkeiten in ein Extracabinet mit drei Dollars Extra-Entrèe eingesperrt! — Im Nu war auch schon Alles voll vor das Jitter. Wir jeberdeten uns vor Zorn und Wuth wie rasend, aber was half das? Das Publikum dachte, das wären die Kunststücke, die wir zu machen hätten, und war außer sich vor Jubel. Sie warfen uns Bonbons, Brobrinden und Cigarrenenden durch das Jitter und einige Ladies versuchten uns mit Sonnenschirme nach die Jesichter zu

stechen. Mit der Zeit wurde der Trubel immer doller und döller. Alles Protestiren half uns nichts, wir mußten richtig unsere drei jeschlagenen Stunden absitzen, worauf wir von Barnum mit höflichem Dank

3*

aus das Affenhaus entlassen und wieder der Freiheit einverleibt wurden.

Wie wir nachher erfuhren, haben wir Barnum in diese drei Stunden circa 30,000 Dollars verdienen helfen.

Das war, wie Du mir zugeben wirst, eine häßliche Geschichte. Was sollen wir jetzt **thun**? Wie sollen wir uns für den angethanenen Schimpf und die Beraubung der persönlichen Selbstständigkeit in diesem Land der jrenzenlosen Freiheit Jenugthuung verschaffen? Wir fürchten sehr, daß wir die Anjelegenheit als abgethan werden betrachten müssen. Das Schlimmste dabei ist, daß wir durch diesen Streich in janz New-York zu bekannte Persönlichkeiten jeworden sind. Allens wird über uns herfallen, um uns zu schändlichen Opfern der Jeldmacherei und Reclame zu machen.

Ich bitte Dir, jeliebte Jattin, mir zu bejammern, und wenn Du aus meinen Briefen was vorlesen solltest, vorläufig das mit die Ausstellung bei Barnum schweigend zu überjehen. Denn im Jrunde schäm' ick mir doch ein bisken dieser Berühmtheit und es ist Zeit jenug, wenn sie es in Berlin durch die Blätter unter die Nachrichten aus Amerika erfahren.

Wir sind sehr consternirt. Heut jehen wir jar nich aus, weil wir fürchten, an jeder Straßenecke uns selber in ellenlangen Buchstaben und Fijuren zu erblicken. — Müller läßt jrüßen.

Ich unterzeichne als Dein
nur allzuberühmter Jatte
Schultze in New-York.

In einem Newyorker Kaffeehause.

(Müller und Schultze haben die Bekanntschaft eines amerikanisirten
Deutschen Namens Newman — früher Neumann vom Köpnickerfelde —
gemacht und besuchen mit demselben ein Newyorker Kaffeehaus. Sie
finden das Lokal angefüllt von Yankees, die in mannichfaltigen unbe-
schreiblichen Stellungen die Zeitungen lesen und verschiedene Getränke
zu sich nehmen.)

Newman. Meine Herren! Es ist Thatsache, daß wir uns hier
am fashionabelsten und aufgeklärtesten Orte der Welt befinden. Wir
sind mitten unter freien Bürgern. Sie waren wohl noch nie in einer
so anständigen Gesellschaft?

Schultze. Entschuld'gen Sie, Männeken. Ich würd' es eijentlich
anständiger finden, wenn die freien Bürjer da ihre Füße zu stehen
hätten, wo sie ihren Kopf zu liegen haben und umgekehrt.

Newman. Wir sind in einem freien Lande. Hier darf ein Jeder die Stellung einnehmen, die ihm am meisten convenirt.

Müller (bedenklich seinen Rock betrachtend). I Donnerwetter! Hier muß Eener spucken!

Newman. Hahahaha! Das war vortrefflich gezielt! — Uebrigens vermeiden Sie es, in die Schußlinie zu kommen. Herr Müller, wenn Sie an den mündlichen Aeußerungen freier Bürger Anstoß nehmen.

Schultze. Ich denke, wir nehmen etwas zu uns.

Newman. Ohne Frage! Wir sind hier in einem freien Lande, wo Jeder jedes Getränk zu sich nehmen kann, das dem Menschen von der Natur verordnet ist, besonders aber brandy and water.

Schultze. Gut denn, nehmen wir das!

(Das Getränk wird bestellt und gebracht.)

Newman. Sonderbar, meine Herren, muß es Ihnen vorkommen unter freien Bürgern. Aufgewachsen unter der Frohnherrschaft unbarmherziger Vögte, sind Sie wohl leider schon zu stumpf und einfältig geworden, um an der wahren Freiheit noch Geschmack finden zu können.

Müller. Wo denken Sie denn, wo wir her sind? Ich denke, Berlin — —

Newman. Erlauben Sie! Wir sind in einem freien Lande, wo Sie das Recht haben, mich ausreden zu lassen. Erlauben Sie mir zu constatiren, daß Berlin ein Platz ohne alle Bedeutung ist.

Schultze. Na, des is nich übel!

Newman. Ich rede von Thatsachen. Besuchen Sie irgend eine Stadt im Westen, die vor einem Jahr — was sage ich? die vor 8 Tagen gegründet ist und Sie werden einen Ort finden, der an Größe, an Einwohnerzahl, an Werth der Kunstschätze, an Reichhaltigkeit der Verbrechen und Unglücksfälle Ihr sogenanntes Berlin weit hinter sich zurückläßt. Ich kann Sie auf's Bestimmteste versichern, daß allein in New-York an einem Tage mehr Menschen auf interessante Weise um's Leben kommen, als in dem geknechteten Deutschland im Laufe eines Jahres geboren zu werden das Unglück haben.

Müller. Das will ich Ihnen schon lassen. Aber was Kunst und dergleichen anbetrifft, da müssen Sie mir doch zugeben, daß wir es etwas mehr damit haben. Unser Berliner Opernhaus z. B. — —

Newman (hohnlachend). Hahaha! Es ist bekannt, daß das neue Opernhaus in Chicago mehr als hundertmal so groß ist als das Berliner. Die Bühne, welche eine Ausdehnung von mehreren Stunden hat, ist mit Schienengleisen belegt. Hinter den Coulissen setzt sich der Sänger auf eine Lokomotive. In einer halben Stunde ist er vor dem Souffleurkasten angelangt. Ohne abzusteigen, singt er seine Partie und fährt mit demselben Zuge wieder hinter die Coulissen zurück.

Schultze. Das is stark.

Newman. Stark? — Ich sage, es ist albern, es ist geradezu niederträchtig, so etwas stark zu finden; denn es wird durch andere Thatsachen bei Weitem überholt. — In einem Städtchen in Kentucky, wo vor einem Jahre noch Büffel und Bären weideten, existirt jetzt ein Theater, welches eine Versenkung von 28,000 Klaftern Tiefe besitzt.

Müller. Ne, nu wird mir das zu doll, dies dämliche Aufschneide! Ein fauler Kopp sind Sie! — Nu wissen Sie's!

Schultze. Und 'ne faule Jejend is Ihr janzes Amerika.

Newman. Meine Herren, mäßigen Sie sich, sonst steh' ich für nichts.

Müller. I was! Jeder Preuße hat das Recht, durch Wort, Schrift oder Bild — —

Newman. Meine Herren, wir sind hier nicht in Deutschland, wir sind in einem freien Lande. Wehe dem, der die Institutionen eines freien Landes beschimpft.

(Unruhe an den Nebentischen. Rufe: Hang them! etc.).

Schultze. Sie sollten sich was schämen, Neuman, als'n jeborner Berliner sich so zum Narren zu machen. Sie lumpiger Yankee, Sie!

(Man hört deutlich das Knacken von Revolvern.)

Newman. Meine Herren! Da Sie fortfahren, sich eines freien Landes unwürdig zu betragen, bin ich genöthigt, Sie zu verlassen. Ich bin Geschäftsmann und mache in Petroleum. In jeder Secunde verdiene ich drei Dollars. — Sie, meine Herren, reisen nur zum Vergnügen; es ist daher besser, daß Sie allein todtgeschossen werden. — An den Nebentischen ist man bereits darauf aufmerksam geworden, daß Sie die Institutionen unseres freien Landes mit Koth bewerfen. — Sie dürften sogleich sehr in Ungelegenheit kommen. — Empfehl' mich Ihnen! — (Entfernt sich.)

Ein Yankee (Schulze fürchter=
lich auf den Fuß tretend und ihm zu=
gleich den Hut vom Kopfe schlagend).
Damned dutchman!

Zweiter Yankee (Müller seinen
Revolver unter die Nase haltend). One
word more and you are dead!

Schulze. Hurrjeh, nu jeht's los.

Müller. Nu aber ausreißen.

(Stimmen durcheinander: Kill
them! — Knock them down! —
Give it them! — To the devil
with the rascal! — To the gallows
with them! — Send them to hell!
— Schulze und Müller suchen so
schnell wie möglich davon zu kommen.
Während sie ausreißen, gehen ver=
schiedene Revolver los, deren Kugeln theils die Wände des Zimmers,
theils Schulze's und Müller's Hüte und Rockkragen durchbohren.)

Pseudo-Davison vor den Lampen.

Deutsch-Amerikanische Comödie
in einem Aufzuge.

1. Scene.

(Vor einem deutschen Theater in New-York. Schultze und Müller
treten auf, Arm in Arm durch die Straße wandelnd.)

Schultze.

Nu seh mal, hier is'n deutsches Theater. Was mögen sie heut
wohl jeben.

Müller (den Anschlagzettel lesend).

„Oskar von Schreckenstein und die schöne Rosamunde, roman-
tisches Ritter-Schauspiel in fünf Akten."

Schultze.

Na da woll'n wir doch rin!

Müller.

Woll'n wir wirklich?

Schultze.

Det versteht sich. Nach den Titel muß das unjefähr so sind, wie
früher in die Jartenstraße, und da war das immer zum Dodtlachen.
Komm man mit. — (Nach der Uhr sehend.) Es is jetzt grade Zeit; —
diesen Augenblick müssen sie anfangen. — (Er zieht Müller mit sich;
sie verschwinden im Theater.)

2. Scene.

(Im Theater. Schultze und Müller im Parquet.)

Rosamunde (auf der Bühne).

Nun, edler Ritter Oskar von Schreckenstein! wenn es Euch Ernst
ist, so nehmt mich doch meinetwegen. Faßt Euch ein Herz, greift zum
Schwerdt und überwindet Euren Nebenbuhler, den grausamen Ulrich
vom Rabenhorst.

Oskar von Schreckenstein (auf der Bühne).

Ja, Fräulein, das ist leichter gesagt als gethan.

Schultze (im Parquet).

Na nu, hör' des mal an, Müller! Der reine Blödsinn.

Müller (im Parquet).

Ne, mir jefällt das. Du bist zu blasirt, Schultze, Du hast keinen Sinn mehr für harmlose Genüsse.

Ein Herr (neben Schultze — leise zu einer neben ihm sitzenden Dame).

Was für scharfsinnige feine Urtheile diese Fremden neben uns fällen! Ich wette darauf, es sind berühmte deutsche Schauspieler.

Die Dame.

Das ist sehr möglich; ich habe auch schon daran gedacht.

Der Herr.

Den neben mir Sitzenden halt ich für Davison. Ein gewisser jüdischer Accent seiner Nase macht es mir sogar unzweifelhaft, daß er es ist. Ich will es sofort meinem Nebenmanne sagen, damit es herumkommt.

---

3. Scene.

(Im Zuschauerraum. Erster Zwischenact. Ein Theaterdiener nähert sich Müller und Schultze.)

Theaterdiener.

Meine Herren, der Herr Director läßt sie bitten, auf einen Augenblick zu ihm zu kommen. Er muß sie durchaus sprechen.

Schultze.

Nanu, was kann der von uns wollen.

Theaterdiener.

Dem Benehmen des Herrn Director nach muß es eine sehr wichtige Sache sein.

Müller.

Laß uns doch jehn, Müller! Das wird am End 'ne janz interessante Jeschichte. — (Sie entfernen sich mit dem Theaterdiener.)

4. Scene.

(Hinter den Coulissen. Schultze und Müller. Der Director.)

Director (zu Schultze). Mein Herr, Sie sind Davison! Leugnen Sie nicht! Geben Sie klein bei, Sie sind erkannt. — Der Herr dort (auf Müller zeigend) ist Ihr Geschäftsführer. Ich weiß Alles.

Schultze. Aber Männeken, ich bitt' Sie —

Müller. Na, so laß doch —

Director. Davison, verstellen Sie sich nicht länger. Seien Sie nicht Schauspieler, wo es nicht nöthig ist. — Davison, in Ihrer Hand steht es, mich glücklich zu machen. Davison, Sie haben es in Ihrer Macht, meinem Theater Ruhm, Ehre, Glanz, Erfolg und Bestand für alle Zeiten zu verleihen. Sie müssen heute Abend bei mir auftreten. Sie dürfen nur irgendwas aus irgend einer Scene aus irgend einem Stück sagen. — Davison, thun Sie's. — (Wirft sich Schultze zu Füßen.)

Schultze. Aber, mein Bester, ich bin ja gar nicht — — —

Director. Gar nicht in der Stimmung heut aufzutreten, wollen Sie sagen. Warten Sie nur, die Stimmung kommt schon. In jenem Nebenzimmer finden Sie Hochheimer, Burgunder und Champagner,

Wählen Sie oder trinken Sie Alles durch einander — aber schnell! — Soeben — hören Sie das Beifallsgeheul? — ist dem Publikum durch den Regisseur angezeigt, daß der weltberühmte Mime Davison an diesem Abend hier einige seiner glänzendsten Rollen zum Besten geben wird. Eine Viertelstunde ist jetzt noch Zeit. Im nächsten Zwischenact müssen Sie auftreten. Sie werden mit einer nie vorher dagewesenen Begeisterung empfangen werden.

Schultze. Aber, mein Jott, wie soll ick — —

Müller. Na laß doch, laß doch! Es wird sich schon allens machen. Bring' Dir man erst in Stimmung.

Director (zu Müller). Tausend Dank, Verehrtester! — Ja wohl, wir wollen für Stimmung sorgen. — Auf, meine Herrn! Lassen Sie uns noch schnell ein Dutzend Flaschen auf das Wohl der Kunst leeren! — (Entfernt sich mit Müller und Schultze.)

---

5. Scene.

(Zweiter Zwischenact. Schultze steht auf der Bühne. Zur Seite zwischen den Coulissen Müller, bereit, dem Freunde im Falle der Noth unter die Arme zu greifen.)

Schultze (etwas angeheitert).

Verehrtes Publikum! Sehr freu ick mir
Daß Sie so zahlreich hier versammelt sind.
    (Donnernder Beifall: Bravo! Bravo!)
Obgleich ich nicht Derjenige welcher bin
Und auch noch niemals vor die Lampen nicht
In der Gewohnheit — — (Stockt.)

Müller (soufflirend).

Nennt er seine Amme.

Schultze.

Nennt er seine Amme.
    (Wüthender Beifall.)
Drum nehmen Sie's nich so genau mit mir,
Zumal ich schon nich mehr janz nüchtern bin,
Und, bitte, jeben Sie — — (Stockt.)

Müller (soufflirend).

Jedankenfreiheit!

Schultze.

Jedankenfreiheit.

(Wahnsinniger Beifall.)

Eine Dame (im ersten Rang).

Dieser Faust ist doch himmlisch!

Zweite Dame (neben der Vorigen).

Richtig, aus Faust ist es. Ich dachte zuerst an die Räuber. — O es ist höchst entzückend! — Hätt' ich nur noch was zuzuschmeißen!

Erste Dame.

Werfen Sie das Portemonnaie.

Zweite Dame.

Hab' ich schon. — O bitte, helfen Sie mir schnell die Ohrringe ausmachen, die kann ich auch noch schmeißen.

Schultze (fortfahrend)

An meinem Kopp sauft Allerlei vorbei,
Portemonnaies, Cigarrentaschen, Kränze;
Ich bitte nur, verehrtes Publikum,
Nicht grade nach der Nase mir zu feuern — —

Erster Yankee (im Parterre).

Glorious! beautiful! — He is the first player of our century!
— That was from Hamlet! — (Großartig! Wundervoll! — Der erste
Mime unseres Jahrhunderts! — Das war aus Hamlet.)

Zweiter Yankee (neben Vorigem).

No, it was from Romeo and Juliet. — (Nein, es war aus Romeo
und Julie.)

Erster Yankee.

Name your wager! — (Lassen Sie uns wetten!)

Zweiter Yankee.

I will not risk any money for such a trifle. Let us have
it out with a shot. The dead man shall have lost his wager. —
Get your revolver and come, if it is conveniant. — (Ich wage kein
Geld wegen solcher Lumpereien. Wir wollen es ausschießen. Wer zuerst
todt ist, soll Unrecht gehabt haben. Nehmen Sie Ihren Revolver und
kommen Sie, wenn es gefällig ist).

Erster Yankee.

All right, Sir! — J am yours with pleasure. — (Sehr wohl
mein Herr! Ich bin mit Vergnügen bereit.)

(Die beiden Yankees verlassen das Theater).

Schultze.

Und da nun wohl genug des grausen Spiels,
Ruf ick zum Schluß: Es leben hoch die Damens!
Und damit, meine Herren, empfehl ick mir.

(Er verläßt eilig die Bühne. — Tobsüchtiger Beifall: Bravo!
Dacapo! Davison raus! Davison hierbleiben! — Bouquets, Kränze und
Banknoten werden auf die Bühne geschleudert). (Der Vorhang fällt).

6. Scene.

(Nach dem Theater. Schultze und Müller sitzen in bester Laune
in einer Bierstube.)

Müller.

Na, was haſt Du denn eſentlich Allens von die Bretter, die die Welt bedeuten, aufjehoben?

Schultze.

Was Kränze und Tellerbouquets waren, das jing in die Dauſende. Ich hab' aber man bloß dieſen einen Lorbeerkranz mitgenommen. Den will ich meiner Jattin nach Berlin bringen. — Was an Banknoten jeſchmiſſen und von mir uffeſammelt wurde, mag ſich — ſo weit ich mir mit das frembländiſche Geld auskenne — auf 6—7000 Dollars belaufen

Müller.

Hurrjeh! Da haben wir ja das janze Reiſejeld raus und noch was Hübſches drüber. — Siehſt Du, ick hab' Dir immer jeſagt, dies Amerika wär' gar nich ſo übel.

Schultze.

Du haſt Recht, Müller! — Laß uns anſtoßen! Ein Hoch Amerika und den Amerikanern! —

Anhang.

Ausſchnitt aus einer Zeitung.

* — Geſtern wurde der weltberühmte Schauſpieler Daviſon, als er, in den beſcheidenen Namen „Schultze" gehüllt, im Zuſchauerraum eines hieſigen Theaters ſaß, vom Publikum erkannt, von der Direction des Theaters ergriffen und zum ſofortigen Auftreten genöthigt. Er war als Franz Moor himmliſch, als Mephiſto göttlich, als Richard III. übertraf er Alles. Ein unbeſchreiblicher Beifall des Publikums belohnte den unvergleichlichen Mimen. — Wie wir hören, begiebt ſich der große Künſtler morgen nach Cincinnati. Möge ihm überall in gleicher Weiſe der Stern des Ruhmes und der Begeiſterung voranfliegen.

Die dunkle Stunde

oder

Schicksalstücke und Freundestreue.

Novellette.

Es fing an dunkel zu werden, als Schultze und Müller in einen Keller der Bowery-Straße in New-York hinabstiegen, über dessem Eingang ihnen die anheimelnden Worte „Berliner Weißbier" entgegenstrahlten. Unten angelangt, fanden sie den heimathlichen Weißtrank und als Schenkin desselben eine junge Dame von 30—40 Jahren, deren ganzes Wesen so sehr die Tochter Spreeathens verrieth, daß die Reisenden sich sofort als Landsleute zu erkennen gaben und die liebliche Hebe aufforderten, sich zu ihnen an den Tisch zu setzen. Freundlich willfuhr sie diesem Wunsche.

„Mein Herr" — sagte sie plötzlich zu Müller, nachdem sie denselben eine Viertelstunde lang aufmerksam betrachtet hatte — wir müssen uns schon einmal irgendwo gesehen haben. Nicht wahr, Sie heißen Müller?"

„Allerdings," entgegnete Müller etwas kleinlaut; denn die Erfahrung hatte ihn belehrt, daß dergleichen Wiedererkennungen gewöhnlich in Zeiten seines Lebens zurückgriffen, die er nicht zu den Glanzperioden desselben rechnete.

„Erinnern Sie sich gar nicht mehr an die Ida bei Lehmanns in die Krausenstraße von vor 10 Jahren?" fuhr die Dame fort, indem sie Müller fragend ansah.

„Hm — hm! O ja!" erwiederte Müller, der sich eigentlich nicht erinnerte. — „Aber Sie haben sich hübsch conservirt," sagte er weiter, um noch etwas zu sagen.

„Ach," sagte Ida mit schwermüthigem Lächeln, „ich denke, ich muß mir sehr verändert haben. Seit mir der rohe Würfel des Schicksals und die Untreue Heinrichs in diesen Bierkeller dieses ungemüthlichen Welttheils verschlagen hat, bin ich ein Lamm ohne Wurzel, eine Lilie unter Krokodilen."

Schweigend schob ihr Schulze die Weiße hin, in der sie instinct-
mäßig Trost suchte.

Weiße folgte auf Weiße, das Gespräch wurde heitrer, Berliner
Erinnerungen kamen auf's Tapet und bald jagte ein Spaß den andern.
In Folge dessen wurde der in Kellern jedes Himmelsstriches übliche
Instanzengang vom Bier zum Grogk, vom Grogk zum Rothwein und
vom Rothwein zum Sect in aller Vollständigkeit durchgemacht. Nach
einigen Stunden trat in Müller's Kopf eine Dunkelheit ein, welche nur
ab und zu von einzelnen Lichtpunkten durchblitzt wurde. Manchmal
wiegte er sich in dem Gedanken, Schulze unsäglich glücklich zu machen;
manchmal tauchte eine freundliche Jugenderinnerung bei ihm auf; manchmal erfaßte ihn eine unnennbare Zärtlichkeit für Ida. In einem der
letzteren Augenblicke war es, daß er, sie mit dem Arm umschlingend, zu
ihr sagte: „Ida! Sie müssen die Meine werden!"

„Mit größtem Vergnügen!" erwiederte Ida. —

Wo war Schulze, als dies geschah? — Er war — er wußte selbst
nicht wie — in ein Nebenzimmer gerathen, wo ein paar gutmüthige
Herren, mit denen er sich schnell gefunden hatte, ihn mit einem Spiel
unterhielten, das sie „Coppern" nannten und das ihm einige Aehnlichkeit mit dem einheimischen Kümmelblättchen zu haben schien. —

*　　　　*

Es war sehr dunkel — so dunkel, daß es beinahe schon wieder hell
wurde, als Müller und Schulze den Heimweg antraten. Müller heiter,
aber nicht mehr recht fest auf den Füßen; Schulze das Letztere ebenfalls,
aber düster.

II.

Am andern Morgen fielen Müller beim Ankleiden einzelne Episoden
aus der vergangenen Nacht ein, deren scheinbare Zusammenhangslosigkeit
ihn ein wenig beunruhigte. — Schulze schlief noch oder that doch so.

Plötzlich kam die Meldung, daß eine Dame unten im Gastzimmer
sei, welche Herrn Müller zu sprechen wünsche. Müller gerieth etwas
außer Fassung, erwiederte jedoch, daß er sogleich kommen würde. Sofort
fuhr er in den unrechten Stiefel, warf die Halsbinde in die Wasch-
schüssel, zog Schulze's Frack an — kurz, machte sich so schnell wie möglich fertig.

Im Gastzimmer empfing ihn Ida im vollen Sonntagsstaat. — „Müller," sprach sie, „Sie fragten mich gestern, ob ich die Ihre werden wollte und freudig habe ich eingewilligt. Jetzt bin ich bereit. Kommen Sie sogleich mit, daß wir uns trauen lassen."

„Sie sind wohl nicht recht bei Trost!" rief Müller mit einer Brutalität des Tones, die sich selbst durch heftige Kopfschmerzen kaum entschuldigen läßt.

„Sie wollen mir wirklich nicht heirathen?" schrie die Dame erbleichend.

„Fällt mir im Traum nicht ein!" versetzte Müller, noch roher als zuvor.

Ohnmächtig stürzte Ida über den Trümmern ihres erträumten Glücks zusammen. In höchst ärgerlicher Stimmung begab sich Müller in sein Quartier zurück; — dort lag Schultze noch immer und schlief, oder that doch so.

III.

Noch an demselben Tage wurde Müller vor den Polizeirichter citirt. Dort fand er Ida und als Zeugen zwei Herren von schäbigem Aeußern vor.

„Herr Müller!" begann der Richter — diese Amerikanerin klagt Sie einer schweren That an. Sie erklärt, daß Sie ihr gestern Abend ein Eheversprechen gegeben haben in den deutlichsten Ausdrücken, was diese beiden tugendhaften Bürger eidlich zu erhärten bereit sind. Jetzt aber weigern Sie sich, die Dame zu heirathen. Dergleichen Ruchlosigkeiten mögen in Ihrem beklagenswerthen Vaterlande gewöhnlich sein, vielleicht sogar als Heldenthaten gelten; in Amerika, einem Lande, in dem Verbrechen durch das Gesetz bestraft werden, ist das anders. Ich fordere Sie auf, dieses junge amerikanische Mädchen unverzüglich zu heirathen."

„Aber ich bitt' Sie," stammelte Müller, „wenn ich wirklich so was gesagt habe, bedenken Sie doch den Zustand, in dem ich mir befunden habe."

„Wenn Sie" — entgegnete der Richter finster — „die Gewohnheit haben, sich durch betäubende Getränke in einen Zustand zu versetzen, in dem Sie Verbrechen aller Art ausüben: so wird man Sie einem Herren-haus oder einer Besserungsanstalt übergeben müssen. Auf diese Weise vertheidigen Sie sich schlecht, Herr Müller!"

„Aber wo kann ich ihr denn heirathen?" rief Müller entsetzt. „Ich habe ja schon in Berlin eine Frau."

„Herr Müller," sagte der Richter, „ich denke, Sie sind selbst witzig genug, um die Albernheit einer solchen Ausrede einzusehen. Wozu haben wir denn Mormonen in den Vereinigten Staaten? Heirathen Sie diese Dame und gehn Sie unter die Mormonen. Lassen Sie Ihre Berliner Frau nachkommen und heirathen Sie noch ein halb Dutzend andere Frauen; es wird Niemand etwas dagegen haben."

Müller war vollständig geschlagen. — „Wenn ick mir nun" — fragte er mit zitternder Stimme — „wenn ick mir nun hartnäckig weigere, ihr zu nehmen, was is dann mein Loos?"

4*

„Ewiger Kerker!" erwiederte der Richter ruhig, indem er ein aus-
gedientes Priemchen gegen den Ofen schoß.

Fast besinnungslos entwankte Müller dem Gerichtszimmer. —

IV.

Drei Tage Bedenkzeit waren Müller zugestanden; vor das Hotel
aber war ein Policeman gestellt, damit er nicht entwischen könne. —
Wie Müller diese drei Tage zubrachte, das zu beschreiben, sei uns erlassen.
Vergebens versuchte Schultze, ihn aufzurichten. Er fand keinen Trost,
er sah keinen Ausweg. Tausendmal in der Stunde verfluchte er den
Tag seiner Geburt und den seiner Ankunft in Amerika.

Am dritten Tage ließ der Polizeirichter Müllern benachrichtigen,
daß Ida zu einem Vergleich erbötig sei. Gegen sofortige Zahlung von
5000 Dollars Schmerzensgeld wolle Ida auf die Heirath mit Müller
verzichten.

Wer war froher als Müller! „O Schultze! Schultze!" rief er, „ich
bin gerettet! Was ist das für'n Glück, daß wir von dem falschen Da-
wison-Abend her die 5000 Dollars haben!" Mit heißen Freudenthränen
wollte er Schultze umarmen. Dieser aber war todtenblaß geworden und
hatte sich abgewendet. „Nimm ihr!" sagte er, ohne Müllern anzusehen.

„Was?" rief Müller erschrocken, „Du räthst mir, ihr zu nehmen?
Du willst das Geld nicht jeben?"

„Nimm ihr!" wiederholte Schultze.

„Aber Schultze, was soll ich davon denken? Um des schnöden
Mammons willen willst Du mir opfern? willst mir dem Drachen über-
liefern?"

„Nimm ihr! nimm ihr!" rief Schultze im Tone der gräßlichsten
Verzweiflung. Dann sich plötzlich umwendend fuhr er fort: „O Müller!
Du könntest jetzt durch das Geld gerettet werden, wenn es noch da wäre.
Aber das is ja das Schreckliche, daß sie mir an demselben Abend den
janzen Mammon mit ihr verfluchtes New-Yorker Kümmelblättchen ab-
jenommen haben."

V.

Sage und Geschichte berichten manche glänzenden Beispiele von Freundestreue; alle aber werden übertroffen durch dasjenige, welches in diesem Capitel erzählt werden soll.

Kaum war Schultze wieder ein wenig zu sich gekommen, als er zu Hut und Stock griff und ohne Müllern ein Wort zu sagen, sich zum Polizeirichter begab. Dort stellte er sich als Busenfreund des Verklagten vor und erklärte feierlichst, daß — falls Ida damit einverstanden wäre — er selbst erbötig sei, sie in Müller's Stelle zu heirathen. Als Motiv gab er an, daß er es sei, welcher durch das leichtsinnige Ver-spielen des Geldes Müller an den Rand des Abgrundes gebracht habe; seine Pflicht sei es jetzt, sich für den Freund zu opfern.

Der Richter sah Schultze groß an. Er zweifelte, ob der Vorschlag ernst gemeint sei, oder ob er einen dem Tollhaus Entsprungnen vor sich habe. Als aber Schultze noch einmal in aller Ruhe sein Anerbieten wiederholte, sah der Richter wohl ein, daß er es hier mit einem unge-wöhnlichen Exemplar von Tugend und Freundestreue zu thun habe. Schleunigst wurde Ida citirt und ihr die Sache vorgelegt. — O Glück! auch sie wurde gerührt durch den ungeheuren Edelmuth Schultze's. Sie erklärte, weder Müller's noch Schultze's Hand beanspruchen zu wollen; — und dann in schnellen Absätzen von der Summe von 5000 Dollars heruntersteigend, blieb sie zuletzt stehn auf 25 Dollars, welche ihr auch gegen Quittung und schriftliche Verzichtleistung sofort von Schultze aus-gezahlt wurden. Mit diesen wichtigen Papieren in der Brieftasche, stürzte Schultze auf den Fittigen der Freude zu Müller.

Das Wiedersehn zwischen den beiden Freunden zu schildern, müssen wir einem größern Seelenmaler überlassen. Wir wollen nur noch die Moral hinzufügen, welche unsere beiden Reisenden aus dem Falle zogen. Die Schultze's lautete: nie wieder mit unbekannten Leuten Hazard zu spielen; diejenige Müller's: nie wieder mehr zu trinken, als Kopf und Magen aushalten können. Beide Grundsätze möge der geneigte Leser zu seinen eigenen machen.

Amerika und die Amerikaner.

Ethnographische Reiseskizzen
von Müller.
Illustrirt von demselben.

Nach Amerika gelangt man am besten auf dem Seewege, welchen auch schon Columbus einschlug, die Kartoffel jedoch noch nicht mitbrachte, indem dieselbe erst durch den auch durch seine künstlerischen Bemühungen ausgezeichneten Drake in Europa eingeführt wurde. Was speciell unser Reiseziel, die Vereinigten Staaten, betrifft, so will ich sie im Allgemeinen als eine schöne Gegend bezeichnen. Ihre Constitution ist eine sehr gesunde, hat aber doch auch ihre Schattenseiten. Bei dem gänzlichen Mangel an Fürsten gehen ihnen auch die Zerstreuungen ab, die sich europäische Völker zuweilen verschaffen und in Ermangelung anderen Zeitvertreibs gerathen sie entweder selbst einander in die Haare oder legen sich böse Gewohnheiten zu, worunter mir das Priemen und Spucken, sowie die häufigen Eisenbahnunfälle besonders mißfallen haben. Jedoch ist der Sinn für Parlamentarismus ungemein ausgebildet und unfruchtbare Debatten können so leicht nicht stattfinden, indem auch das unscheinbarste Amendement sofort durch die gehörige Anzahl von Revolvern unterstützt wird.

Nachdem ich mich über die Lage von Amerika und die allgemeinen Verhältnisse der Vereinigten Staaten im Vorhergehenden ausgesprochen habe, will ich jetzt die Einwohner und die sonstigen Eigenthümlichkeiten dieses Landes etwas specieller in Betracht ziehn.

Der Yankee. — Der Yankee bildet den Hauptbewohner der nördlichen Staaten. Er ist lang, rücksichtslos, gelblich von Haut und besitzt sehr viele eckige und unregelmäßig vertheilte Knochen. Der größern An-

schaulichkeit halber füge ich die Abbildung eines ruhenden Yankee hinzu. Man erblickt auf der Zeichnung erstens die Unterlage des Yankee, nämlich drei Stühle, sämmtlich mehr oder weniger auf der Wippe stehend. Den Yankee selbst, dessen Kopf wir bei a, dessen Füße wir bei b erblicken würden, wenn wir überhaupt etwas von ihm erblickten, wird der geneigte Leser ersucht, sich mit Leichtigkeit hinzuzudenken. Bei c sehen wir die Morgennummer einer Zeitung, welche der Yankee in der Hand hält. Außerhalb des Bildes befindet sich der Spuckpunkt, entweder eine Ofenkachel oder auch das Schlüsselloch einer entfernten Thür, durch welches der Yankee alle 2 oder 3 Minuten mit der Sicherheit eines eingeübten Zündnadelschützen hindurchspuckt.

Religion und Erziehung des Yankee. — Die Gottheit der Yankee's ist aus metallischem Stoff, rund und hat ungefähr die Größe eines preußischen Thalers. Von dieser seiner Gottheit sich möglichst viel

anzueignen, ist der einzige Lebenszweck des richtigen Yankee. Daraufhin ist auch die ganze Erziehung gerichtet. Schon die kleinen Kinder werden mit Beefsteaks und Mixedpickles aufgepäppelt, wodurch sich frühzeitig ein fester Charakter und Pfiffigkeit im Handel bildet. Wenn der Junge 3 Jahr alt geworden ist, giebt ihm der Vater ein falsches Vierteldollar=stück*) und jagt ihn damit auf die Straße. Kommt er nach einiger Zeit mit einem Dollar in der Hand zurück (was ein Zeichen ist, daß er das falsche Geldstück nicht nur gegen ein richtiges eingewechselt, sondern auch mit dem richtigen schon gewuchert hat) — so sieht der Vater, aus dem Jungen wird was! Von da ab erlaubt er ihm das Priemen und nimmt ihn in sein Geschäft. Kommt der Junge aber mit dem anfäng=lichen Vierteldollarstück oder ganz ohne Geld zurück, so sagt sich der Vater: aus dem Jungen wird nichts! und läßt ihn ein Handwerk lernen oder studiren. Sehr häufig kommt auch der Knabe, noch ehe er

---

*) D. h. wenn es noch silberne Vierteldollarstücke gäbe.

Anm. des Setzers.

das obengenannte Alter erreicht hat, von selbst auf irgend eine pfiffige Idee. Ganz still in seinem Eckchen sitzend, verfertigt er mit seinem Taschenmesserchen aus Abfall und Kehricht ein Pöstchen imitirte Kaffeebohnen oder künstliche Gewürzkörner, verkauft die ohne Kosten producirte Waare an ein „greenhorn" seiner Bekanntschaft und erwirbt sich auf diese Weise schon in den ersten Lebensjahren ein kleines Vermögen, das er dann später als Einlage in das väterliche Geschäft bringt.

Die Yankee-Frauen. — Ueber die Frauen der Yankee's kann ich selber sehr wenig sagen, da sie selber nichts sagen, und wenn man zu ihnen etwas sagt, ohne gefragt zu werden, man gewöhnlich mit kalter Verachtung oder noch schlimmer behandelt wird. Doch habe ich gehört, daß sie sehr anmuthig in ihrem Wesen und in Physik, Geometrie, Algebra und anderen für das Hauswesen nothwendigen Eigenschaften ungemein bewandert sind. Da ihre ganze Erscheinung eine sehr eigenthümliche ist, habe ich mir nicht versagen können, beifolgend die getreue Abbildung einer echten Yankee-Lady zu geben. Indem ich aber in das Zeichnen von lebendigen Personen sehr schwach bin, habe ich den

Kunstgriff angewendet, die Lady am äußersten Ende einer vor den Augen des Beschauers sich aufthuenden Pappelallee aufzustellen. Dem geneigten Leser rathe ich, sie entweder mit der hohlen Hand oder mit dem Perspectiv im Hintergrunde aufzusuchen oder aber ruhig zu warten, bis sie näher kommt, um dann ihre Gestalt, ihr Costüme und ihre ganze Art mit Bequemlichkeit in Augenschein zu nehmen.

Neger und Mischlingsracen. — Daß es Neger oder Mohren giebt, wird gewiß Jeder schon einmal von Onkel Tom, Onkel Spener oder von seinem eigenen Onkel, falls derselbe Kenntnisse in der Naturgeschichte besitzt, gehört haben. Für diejenigen jedoch, die es noch nicht wissen, füge ich hinzu, daß der Mohr schwarz, gutmüthig und gefräßig ist und daß er geht, wenn er seine Schuldigkeit gethan hat. Seine eigentliche Heimath ist das Unbekannte von Afrika, wo er zusammen mit dem Gorilla der Tiger= und Löwenjagd obliegt oder als Menschen=fresser ein harmloses Dasein führt. Nach Europa gekommen, wird er gern Kellner oder trommelt vor Kunstreiterbuden.

In Amerika, zumal in den Südstaaten, wo er als „dienender Men=schenbruder" oder „Ebenholz" eingeführt wurde, hatte der Neger bis zur Aufhebung der Sclaverei ein ebenso behagliches wie patriarchalisches Dasein. Die Eintönigkeit der etwas anstrengenden Plantagenarbeit wurde durch den täglichen Reis ohne Backpflaumen und die fast über=reichlich zugemessenen Prügel auf's Anmuthigste unterbrochen. Das hat nun leider aufgehört und es bleibt ihm nichts übrig, als sich allmählich an die über ihn verhängte Freiheit zu gewöhnen oder nach Mecklenburg auszuwandern.

Es giebt nun in Amerika noch verschiedene dunkler oder heller schattirte Leute, welche der Vermischung zwischen Negern und Europäern ihren Ursprung verdanken. Die erste Folge des Europäers und Negers ist der Mulatte, der noch sehr viel Schwarzes an sich hat. Geht das

aber so weiter, so spielt die Nachkommenschaft immer mehr ins Weiße hinüber, bis endlich in der sechsten Generation ein ganz weißes Indi=

viduum auftritt. Ich gebe anbei eine Abbildung von den sechs aufeinander folgenden Farbenstufen. Da ich im Gesichterzeichnen nicht sehr
stark bin, habe ich mich einfach auf die Darstellung des Teints be-
schränkt. Nr. 1 ist also der pechschwarze Neger und Nr. 6 der Weiße.
Ich habe diese Abbildung, die sich ihrer Uebersichtlichkeit und Instruc-
tivität wegen sehr für den Schulunterricht eignet, sogleich in Wand-
kartenform gebracht.

Noch einige Nationalitäten. — Es leben da ferner zahlreiche
Deutsche, welchen man besonders die Einführung eines gesitteten Wesens
und harmloser Vergnügungen in die Vereinigten Staaten zu verdanken
hat. Weniger Gutes kann ich von den Irländern und Indianern
berichten, indem sie von ihren unberechtigten Eigenthümlichkeiten des

Schnapsens, Hauens und Scalpirens durchaus nicht lassen können.
Letztere (die Indianer) zerfallen in Plattfüße, Querköpfe und
Dickbäuche, jedoch schon immer seltener, da die Yankees sich mit großem
Eifer ihrer völligen Ausrottung widmen. Einen Besuch der noch vorkommenden Wilden hielten Schultze und ich, in Anbetracht, daß wir
wegen vorgerückten Mondscheins dem Scalpmesser doch nur wenig Nahrung
darbieten, für nicht geeignet.

Noch einige amerikanische Eigenthümlichkeiten. — Ich
will hier zum Schluß noch ganz kurz einige Eigenthümlichkeiten
Amerikas anführen, die uns unterwegs aufgestoßen sind. Es sind dies
folgende:

1. Das Opossum, ein rattenartiges Thier von der Größe einer
Hauskatze, geschupptem Schwanz und häßlich quiekender Stimme. Ge-

braten soll es nach Brehm und Wachenhusen vortrefflich schmecken. Man fängt es, indem man es an dem Schwanz aus den Felsritzen, in

denen es sich aufhält, herauszieht. Trotzdem hat weder Schultze noch ich eins gegriffen, indem wir die Gegenden, in denen es vorkommt, garnicht berührten.

2. Die Sonntagsfeier, auch von Kleist-Retzow empfohlen, dagegen schon von Cannabich (Bd. 3, S. 163) als erfolglos und heuchlerisch verdammt. Sie besteht darin, daß man am Sonntag nirgends etwas

Der Eingang ist hinten rum.

bekommen kann, wenn man nicht genau mit der Lokalität Bescheid weiß. Einen heimlichen Privataffen sich zu kaufen, ist jedoch Niemand verboten.

3. Der Tulpenbaum (Liriodondron tulipifera), eine sehr nützliche, in Virginien (wo wir übrigens auch nicht hinkamen) wachsende

Pflanze. Die großen ahornartigen Blätter lassen sich zugleich gut zu Untersätzen für die Tulpen benutzen. — Neuerdings auch in Deutschland eingeführt.

4. Das Lynchen — besteht aus einem starken überhängenden Baumast, an welchem ein Einwandrer, der einem Neger eine Cigarre

geschenkt oder sich sonst gegen die Gesetze der Freiheit und Gleichheit versündigt hat, mittelst einer starken um den Hals geschlungenen Schnur in schwebendem Zustande befestigt wird. Es ist amüsanter für die Umstehenden als für den passiv Betheiligten.

Ich schließe hiermit meine Bemerkungen über Amerika, damit, falls ein Berichterstatter des Fremdenblatts oder der Gartenlaube nach mir hierher kommen sollte, für ihn auch noch Eins oder das Andre zu berichten übrig bleibe.

Aus Schultze's Tagebuch.

Jetzt sind wir jute acht Tage in New-York und ich will daher etwas über diese Stadt und ihre Bewohner schriftlich aufzeichnen für den Fall, daß Müller und ich durch plötzlichen Unterjang am mündlichen Wiedererzählen des Erlebten gehindert werden.

* * *

New-York unterscheidet sich von Berlin vornehmlich dadurch, daß es, wie Hamburg und Leipzig, zu den jroßen Seestädten gerechnet wird. Uebrigens wird es vom Hudson, wie Berlin von der

Spree durchflossen. Die Hauptstraße ist der „Broadway", was ungefähr unser „Unter den Linden" bedeutet. Ein paar andere große Straßen heißen „Avenuen", die übrigen Straßen sind einfach nur numerirt. Vermuthlich haben die New-Yorker nich jewußt, wie sie ihnen nennen sollten, indem solche großen Männer wie Behr, Taube, Mohr, Krause, Van der Heydt u. A., nach denen in Berlin die Straßen heißen, in Amerika wegen des jänzlichen Mangels an älterer Jeschichte überhaupt nich vorhanden sind.

* *

Mit Sehenswürdigkeiten ist es in New-York man sehr schwach bestellt. Die Hauptsehenswürdigkeit ist das Haus, wo der verstorbene Lindenmüller gewohnt hat, welches uns denn auch von einem mit uns bekannt gewordenen Deutschen gezeigt wurde. Keine Tafel, noch sonst ein äußeres Merkmal bezeichnet die Stätte, wo der jroße Wühler gehaust hat. Ich habe daher auf der Stelle eine Jrabschrift für ihn angefertigt, welche zu meiner jroßen Zufriedenheit also lautet:

„Hier schnitt dem seel'gen Lindenmüller
Die Parz' den Lebensfaden ab.
Was hat er sich erwühlt? Sein Jrab! —
Das is das Loos des Schönen.
                                        Schiller.

In derselben Straße lasen wir auf einem Schilde: „Justav Tod — besorgt Leichen und ißt Lohnkutscher." — Zu was für jräßliche Vermuthungen kann die Vernachlässigung in die Jrammatik und Orthojraphie führen! —

* *

Wir logiren jetzt in Astor-House, was eins von die jroßartigsten Hotels in New-York is. Es hat wohl an die dausend Fremdenzimmer und noch eine Menge Säle für besondere Zwecke, für Thee, Kaffee, Schnaps, Klavier, Whist und andere Spiele. Leider existirt keine besondere Räumlichkeit für Spucker.

* *

Alles in unser Hotel wird durch das Tamtam geregelt. Zum ersten Male wird Morgens um 7 der Tamtam angeschlagen, was so viel heißt als: der Thee is fertig; worauf man allmählich aufsteht, indem hier die Mahlzeiten nicht auf dem eigenen Zimmer, sondern mit den anderen jemeinfam ins Jaßzimmer einjenommen werden. Am heftigsten wird um Mittag der Tamtam in Bewegung jeßetzt. Schon eine Stunde vorher findet vor der Thür zum Speifefaal ein furchtbares Jedrängel statt, indem jeder der Erfte fein will. Wenn dann unter jräßlichen Tamtamfchlägen die Thüren aufjeriffen werden, ftürzt fich Allens durch und übereinander in den Saal. Dann fällt allens über das Effen her und fucht fich in möglichster Gefchwindigkeit möglichft vollzupfropfen. Ich weiß doch auch, was Grapscomment heißt von die Zeit her, wo ich mit Müller und ein paar andere junge Leute zufammen bei die Wittwe Rofenbaum in Koft war; aber fowas von Zierpanfchigkeit, wie hier an die Tabeldoth, is mir doch noch nich vorgekommen. Die erften Male ging es denn auch Müller un mir fo, daß wir mit Effen anfangen wollten, als nichts mehr da war. Jetzt find wir fchon jeriebner und annectiren uns mit affenartiger Jefchwindigkeit, was jrade vor uns fteht, wobei es fich denn freilich ereignet, daß man manchmal blos „Einjemachtes" bekommt, was ich nicht befonders liebe, indem es mir zu fcharf und auch nichts für die Dauer ift.

*　　*　　*

Jeftern kaufte fich Müller eine Uhr. Nach einiger Zeit ftand fie und als wir ihr aufmachten, fand es fich, daß gar kein eijentliches Werk darin war. Wir fogleich zum Uhrmacher zurück, der aber fchon ausjezogen und von einem Tabackshändler jefolgt war, der mir mit fchändliche Cigarren anführte, uns aber der weiteren Auskunft halber in eine Kneipe verwies, wo wir zwar vom Uhrmacher nichts erfuhren, jedoch mit unechtem Rheinwein verjiftet wurden, weswegen wir Lärm machten, jehauen wurden und auf der Wache endeten, von wo wir am anderen Vormittag nach erfolgter Strafzahlung von 10 Dollars entlaffen wurden. Man fieht daraus, daß hier alle Vergnügungen einen zeitraubenden und koftfpieligen Charakter haben.

Meine Begegnung mit Hecker.
Von Müller.

Vorbemerkung. Ich habe in diesem Aufsatze die Reden Heckers nur insoweit mitgetheilt, als die Rücksicht auf meine vaterländischen Preßgesetze es gestattet, das Uebrige aber durch Gedankenstriche ausgefüllt.
                                            Müller.

Wie ich also eines Tages in New-York auf der Straße gehe, bemerke ich auf der anderen Seite derselben einen Mann, der mir aus Abbildungen von 48 her bekannt vorkommt. Hecker! rufe ich, indem mir der Name unwillkührlich auf die Zunge tritt. „Müller!" ruft er, indem er auf mir zukommt und mir die Hand schüttelt. „Ei, Müller! Wie geht es Ihnen? Wie kommen Sie hierher?"

Ich sage ihm nu, wie ich nach Amerika gekommen bin, und indem wir zusammen weiter gehen, sprechen wir noch über Dieses und Jenes.

Hecker, sag' ich, wie denken Sie über die neuen Ereignisse in Deutschland?

„Ich will Ihnen das ganz offen sagen," erwiederte er, „ich
denke — — — — — — — — — — — — — — — —
— — — — — — — — — — — — — — — — — — —"

Das ist ganz richtig, sag' ich, aber ein Bischen, denk' ich, wären
wir doch vorwärts gekommen; — und nun versuch' ich, ihm das Alles
mit Parlament und Reichsrath und Bundesrath und Zollparlament
u. s. w. klar zu machen.

„Hören Sie auf, Müller!" sagt er, wie ich noch nicht mit der
Hälfte fertig bin; „mir ist schon vollständig klar, daß es unmöglich ist,
daraus klar zu werden. Meine Ansicht ist die: — — — — —
— — — — — — — — — — — — — — — — — — —"

Das läßt sich hören, sag' ich; aber es ist doch immerhin ein Vor-
theil, daß einige depossedirt sind, wenn es auch freilich nicht ganz billig
zu machen war.

„Gut, daß Sie mich darauf bringen!" sagt er. — „Hören Sie
Müller — — — — — — — — — — — — — — — —

Und wie steht es denn mit der Preßfreiheit und mit der Vereinsfrei-
heit und mit der Verringerung der Militärmacht und mit den anderen
guten Errungenschaften?"

Ich sage ihm, was ich davon weiß. Er erwiedert: „— — —
— — — — — — — — — — — — — — — — — —"

Ja, lieber Hecker! sag' ich, das können Sie hier wohl so sagen,
aber zu Hause läßt sich das doch so ohne Weiteres nicht machen.

„Ihr seid Thoren", sagt er, „und werdet immer Tyrannenknechte
bleiben, wenn ihr nicht radikaler zu Werke geht. Schickt nur einfach
Alles, was ihr daheim nicht brauchen könnt, nach Amerika herüber.
Die Luft, die hier weht, wird die Leute zur Vernunft bringen, und die
meisten werden hier auch ihr Auskommen haben. Abgesetzte kleine Fürsten z. B., wenn sie gute Zeugnisse mitbringen, können hier als Brief-
träger oder als Subalternbeamte im Steuerfach sehr gut verwendet
werden. Verflossene Minister werden hier meistens Kellner und können
sich, wenn sie fleißig sind, mit der Zeit etwas zurücklegen. Mit abge-
legten Professoren ist nicht viel anzufangen; jedoch können sie sich gegen

freie Kost in Maisfeldern aufstellen lassen, um durch Klappern und durch Bammeln mit den Armen die Eichhörnchen und wilden Tauben abzuhalten. Kammerherren, Hofräthe und Comissionsräthe, besonders wenn sie hübsch decorirt sind, werden hier noch immer von den Directoren reisender Gesellschaften und Cabinette gegen hohe Gage als Sehenswürdigkeiten gemiethet. Geheimräthe pflegen sich hier gewöhnlich der Holzhauer= oder Straßenkehrerbranche zuzuwenden, weil diese am wenigsten Nachdenken erfordert."

Nach diesen Worten bleibt Hecker plötzlich stehen, sieht mich scharf an und sagt zu mir: „Was man aber mit Ihnen, Müller, hier anfangen sollte, das weiß ich gar nicht. Sie eignen sich für gar kein Fach als vielleicht für den Präsidentenstuhl, und der ist leider schon besetzt. Also gehen Sie nach Europa zurück, grüßen Sie alle — und wenn ich einmal dorthin komme, um die dortigen Verhältnisse umzugestalten, so werd' ich mich Ihrer erinnern." — Damit wandte er sich um, ließ mir stehen und verlor sich im Gedränge.

Dies war meine mir ewig unvergeßliche Begegnung mit Hecker.

————

Nachbemerkung von Schultze: Is allens jelogen! Hecker hat ihn nich jesehen und er ihm nich. Dies zur Steuer der Wahrheit.

Schultze.

Schultze und Müller am Niagara.

Hudson-River-Eisenbahn.   Nachtzug.   Schlafwaggon.

Schultze. (sich langsam ausziehend). Feine Erfindung des, weeß der Deibel! So an die Fälle hinträumen ohne Schienenjeschuckel, injewiegt in wollüstige Jedanken — un denn die Jemüthlichkeet von die Damens, welche sich jar nich vor uns scheniren, sondern janz harmlos Nachttoilette machen, als wenn ick jar nich da wäre. Müllär, dieses Amerika is een jroßes Land.

Müller. Yes, in diese Beziehung, im Janzen aber is mir Berlin doch lieber.

Lebensversicherungs-Agent (durch den Waggon gehend). Insurance-tickets for railroad-accidents, twenty cents each day, 5000 dollars premium!

Schultze. Wat wollen Sie? Wer hat 5000 Prämien jewonnen?

Ein Nachbar. No sir, der Gentleman versichert Ihr life gegen Accidents.

Müller. Accidents? Is des möglich! Woll 'ne amerikanische Erfindung?

Nachbar. Habe die Notion, daß es kein amerikanisches Improvement ist, sondern, daß Accidents auf allen Railroads der World vorkommen.

Schultze (leise zu Müller). Nu soll mir aberst gleich der Deibel holen, wenn ick weeß, wat des vor 'n Deutsch is.

Nachbar. Sie unterständen mich nicht, Gentleman, werde Ihnen also geben eine Explication. Wir fahren jetzt also nach Buffalo und Niagarafalls; setze den Fall, der Nighttrain in Buffalo bekommt ein unrichtiges Signal und geht some minuts zu früh ab und wir fahren ganz gemüthlich „twenty five miles an hour" aufeinander. Rrrrrrum, bum, schrrrrrrum explodet die Engine, die Cars zersplittern un all men on bord sind todt oder verwundet. Gentlemen that's a railroad-accident.

Müller. Den Deibel ooch! Passirt des hier öfter.

Nachbar. Yes sir! Each week ein oder zweimal, wenn nicht öfter. Haben Sie nun Ihr Leben insured, so bekommen Sie für die Occasion from fatal accidents, d. h. wenn Sie auf der Stelle todt sind, 5000 Dollars, leben Sie aber noch und haben nur arms and legs gebrochen, so bezahlt man Ihnen jede Woche 10 bis 50 Dollars, bis Sie wieder all right sind. That's what's the matter!

Müller. Un wenn eenen so wat im Schlaf passirt is man erst recht hin.

Nachbar (phlegmatisch). Yes sir, aber Sie bekommen 5000 Dollar, wenn Sie sich insuren lassen, für 20 cents.

Schultze (sich schnell wieder ankleidend). Ick danke scheen, ick ziehe vor, keene 5000 Dollars zu verdienen. Jehn wir raus, Müller, mich is hier unheimlich. Wenn ick so bedenke, det wir schlafend ins Jenseits jefahren werden könnten, ohne jeden Protest un Fluchtversuch! Brrrr! Müller, des wäre jräßlich!

Müller. Un was disser Amerikaner vor eene verzweifelte Ruhe hat. Er zieht sich aus, als ob nischte im Werk wäre.

Schultze. Un legt sich in unser Bett, wie ick eben bemerke.

Müller. Nee des is reen hinterwälderisch! Jute Nacht, Männeken, wenn wat passirt rufen wir schnell.

Nachbar (sich gemüthlich niederlegend). All right! Go ahead steamboat!

(Müller und Schultze verlassen die Sleeping cars und ziehen sich in den nächsten Waggon der ersten Classe zurück, wo sie keine Sitze mehr finden).

Schultze. Nun schlage der Deibel in die Mehlsuppe, jetzt können wir bis Buffalo stehn.

Conducteur. Passaic Station!

(Es steigen einige Personen aus und unsere Freunde kommen zu sitzen.)

Müller (macht es sich in einer Ecke bequem). So, jetzt behalte die Dogen offen, wenn die Locomotive explodirt, kannste mir wecken. — Vorher laß mir noch n'en kleinen Johnson zukommen!

(Schultze trinkt und reicht Müller die Flasche, ein Mitreisender greift jedoch über den Sitz, nimmt die Flasche, trinkt und sagt dann indem er die Flasche zurückgiebt: „Mitbürger, verzeihen Sie mir, erst kommt der Gast!")

Müller (ganz starr vor Erstaunen). Jast!? Na des is jut! Entschuldigen Sie, wenn Sie nich vielleicht der „steinerne Jast mit die eiserne Stirn" sind, denn habe ick nich die Ehre.

Fremder. Mein Name ist Schmidt, Sie tranken Johnson, ich bin ein Verehrer des geistreichen Schneiders, folglich — —

Müller (wüthend). Müssen Sie mich meinen Schnaps aussaufen

Fremder. Blasphemiren Sie nicht — Sie scheinen noch sehr grün in diesem Lande.

Müller. Jrün oder jrau — wenn Sie mir aberst noch kujoniren wollen, denn soll'n Sie mal spüren, wat een Schmidt seines eignen blauen Rückens bedeutet.

Schmidt (verächtlich). Roher Emigrant!

Müller. Emigrant! Das ist Tusch (haut ihn). Nehmen Sie dies gefälligst uf Abschlag.

Schmidt (schreiend). Hülfe! Mörder! Bahnpolizei! Man erschlägt den größten Mimen Amerika's!

Schultze. Was, Sie sind Schauspieler!? Na worum haben Sie

denn das nich jleich jesagt? Künstler sind Nassauer un da wär's uns uf den Droppen Naß ooch nich anjekommen, denn dem schwachen Talent muß man unterstützen. Trinken Sie nur noch eenen, Müller hat's schonst jar nich so böse jemeent.

Müller. Nee, des is wahr, so böse habe ick es nich jemeent, un von Morden war schonst jar keene Rede nich (reicht ihm eine Cigarre) da, roochen wir die Friedenscichorie zusammen.

Schmidt (nimmt Flasche und Cigarre). O, ich dachte es mir doch gleich, daß ich mit anständigen Leuten zu thun hätte. Auf Ihr Wohl, meine Herren!

Schultze. Prost!

Müller. Sehn Sie woll, so is es recht. Wozu ooch des lange Jrollen un Schmollen, erzähl'n Sie uns lieber een Bisken wat vons Theater, damit die Nacht 'rumgeht.

Schmidt. Ja, meine Herren, was soll ich Sie erzählen? Meine Laufbahn ist leider die eines verkannten Genies. Amerika ist nicht der Platz, dem es gelingen könnte, ein Talent wie das meinige zu würdigen. Es thut mir leid, einen Collegen anzugreifen, aber ich muß es sagen: Dawison, auf den Beifall der Massen speculirend, hat das hiesige Publikum verdorben. Man versteht mich nicht. Mein Geßler, mein Franz Moor ist für gemeinen Geschmack zu hoch, zu fein. Wiederholt vom Publikum ausgezischt, von schuftigen Recensenten heruntergemacht, stehe ich da, ein Opfer der Zeitströmung, ein Märtyrer Melpomenens. (Bedeckt das Gesicht schluchzend mit den Händen.)

Müller. Das is ja aber auch janz schändlich, wie man mit Sie umgegangen is.

Conducteur (zwei Damen herbeiführend, zu Müller und Schultze). Meine Herren, Sie müssen aufstehn und diesen Damen Platz machen.

Schultze. Nanu! Wie meinen Sie das?

Conducteur. Sie sollen diesen Damen Ihren Platz abtreten!

Schultze. Ick soll? Nee, Männeken, ick soll durchaus nich. Mein Billet lautet uf eenen Platz erster Klasse un den habe ick hier injenommen.

Schmidt. Aber mein Herr, das ist hier Sitte.

Schultze. Ach was! Unsitte is es! Wir denken nicht daran, aufzustehn.

Conducteur. Aber meine Herren!

Müller. Jehn Sie man 'ne Nummer weiter, Männeken, wir sind vor solche übertrieb'ne Höflichkeiten nich disponirt.

Schultze (gähnend). Un ick schlafe!

Eine der Damen. What rough people these goddam dutchmen are!

Müller (zu Schmidt). Wat brummte se in 'n Bart?

Schmidt. Sie wunderte sich über die Grobheit der verdammten Deutschen.

Schultze (im Einschlafen). Weiter fehlte nischt, aus reener Höflichkeet und Jankeesitte die Nacht als stehendes Heer uf'n Kriegsfuß zubringen — danke scheen — wenn Sie mal wieder wat jebrauchen — — erhalten Sie mich Ihre hochjeöhrte Kundschaft. (Schläft ein.)

(Es wird Morgen).

Müller (sich die Augen reibend). Ick jloobe wir fahren in diese anjenehme Weise jleich fort bis an 'n jüngsten Tag. Meinen Knochenschmerz nach zu urtheilen, sind wir wenigstens schonst acht Tage unterwegs.

Schultze (gähnend). Un wat 'ne Jegend! Nischt als Urwald, un Moor, un Binsen, un mitten drinn eene Blockhütte mit zwee Schweinekens, un 'n halben Acker Kartoffelfeld un sechs Meilen Zaun.

Schmidt. Zaun nennt man hier Fenz!

Müller. Nich möglich, Franzken Moor, sind Sie ooch schonst wach?

Schmidt. Ich wache schon lange, das Grau des Morgens heimelt mich an.

Schultze. Jrau, theurer Freund, is alle Theorie!

Schmidt. Und grün der „Greenbacks" goldner Baum! Da haben Sie recht, aber wohin fahren Sie denn eigentlich meine Herren?

Müller. Nach die Niajarafälle!

Schmidt. Um des Himmels Willen, die liegen ja schon 200 Meilen hinter uns, wir sind gleich in Cleveland.

Schultze (aufspringend). Wat Deibel! Conducteur! Conducteur! Anhalten! Umkehren!

Schmidt. Da bleibt Ihnen nichts andres übrig, als auf der nächsten Station auszusteigen und zurückzufahren.

Müller. Schultze, ick möchte mir ohrfeigen! Noch mal acht Stun-

ben amerikanische Eisenbahn un Du kannst mir als Knochenmehl vor
die Zuckerraffinerie verwerthen.

Conducteur. Cleveland!

Schmidt. Steigen Sie schnell aus meine Herren, sonst schleppt
man Sie noch 100 Meilen weiter mit; und viel Vergnügen an den Fällen!

An den Fällen.

(Im Niagara-Hôtel an der Canadaseite. Schultze und Müller
liegen in einem Fenster, das auf die Fälle sieht.)

Schultze. Großartig! Diese Wassermassen! Dieses Gebrause! Der
Sprühregen und die Regenbogen.

Müller. Kolossal! Ich jloobe, wenn sie das bisken Wasserfall
ins Bohrloch der Hölle leiteten, das Fegefeuer würde ausgehn wie 'ne
Cigarre, die keine Luft hat.

Führer. Meine Herren es ist Zeit die Fälle zu besuchen, die
Gesellschaft wartet.

Müller. Jut, Männeken, wir sind jerade bei Stimmung, —
jehn wir!

(Die Reisenden passiren Suspension Bridge, um die amerikanische Seite des Flusses zu erreichen).

Führer. Betrachten Sie sich wohl die Brücke, meine Herrschaften, sie ist das größte Brückenbauwerk der Welt und schwebt über dem Abgrund wie ein eleganter eiserner Gedanke.

Schultze. Wenn die Idee von Sie is, Männeken, denn sollen Sie sich d'ruf patentiren lassen.

Sentimentale Dame (zum Führer). Ach, mein Freund, Sie müssen ein Dichter sein, wenn auch ein ungereimter, Sie drücken sich so elegant aus.

Müller (zu Schultze). Also suspensionbridgisch.

Führer. Dichter bin ich zwar nich, Mylady, aber reisender Handlungsbeflissener sans condition, und wer sollte nicht schöngeistig fühlen, wenn er so schöne Damen und geistreiche Herren zu den Fällen führen darf!

Müller. Da haben Sie recht! Sagen Sie mal, wie ville Wasser mag da wohl in die Stunde runloofen?

Führer. Siebenzig Millionen Gallonen.

Schultze. Wat Sie nich sagen! Herr Jott, wenn det Kümmel wäre! —

Führer. Das Wasser hat eine fürchterliche Gewalt. Wenn der Niagara weiter oben Eichbäume von enormer Größe auswäscht, oder wenn Büffel zu nahe den Fällen über den Fluß zu schwimmen versuchen, so packt sie der rasende Strom und stürzt sie mit solcher Gewalt in den bodenlosen Abgrund, daß sie nur als Atome wieder zum Vorschein kommen.

Müller. Is nich möglich! Un die Atome bilden denn an schönen Morgen die Rejenbogen?

Führer. Einmal ist ein kleiner Niagaradampfer die Fälle hinabgefahren, das war eine fürchterliche Geschichte.

Sentimentale Dame. Ein fürchterliche Geschichte? Gott, wie interessant! Das ist ganz mein Geschmack. Wissen Sie die nähern Umstände dieser fürchterlichen Geschichte nicht, mein Herr?

Führer. Es ist in der That grausig schön und wenn die Herren nichts dagegen haben, so erzähle ich die Geschichte.

Schultze. Bitte, thun Sie sich keenen Zwang an, ick bin janz Ohr.

Führer. Vor Jahren war einmal ein Capitain, der sehr viele

Schulden und nur einen ganz kleinen Dampfer hatte, mit dem er den oberen Niagara befuhr, um Passagiere und Fracht von einem Ort zum andern zu schaffen. Eines schönen Tages kommt nun der Sheriff zu ihm und sagt: „Cäpt'n, morgen wird Ihr Dampfer an den Meistbietenden verkauft, wenn Sie nicht die Kleinigkeit von 5000 Dollars bezahlen können; machen Sie sich also bereit, das Schiff zu räumen.''

Der Capitain steht wie vom Donner gerührt. „Mann, sagte er endlich, nach einer kleinen Pause, könnt Ihr mir die Schuld nicht wenigstens noch einen Monat stunden? Ich bin sonst ein ruinirter Mann, der für seine kranke Familie betteln gehen muß.''

Der kalte Mann des Gesetzes zuckt die Achseln: „Kann by Jove nicht, Cäpt'n, sagt er, meine Instructionen sind zu streng, entweder morgen 5000 Dollar, oder das Schiff! Good by, Cäpt'n!''

Der Capitain starrt dem Manne nach, dann knirscht er mit den Zähnen, geht an das Schreibpult, überzählt sein Geld, schreibt einen Brief an seine Frau und packt diesen mit seiner Baarschaft zusammen. Dann begiebt er sich an Bord des Dampfers.

„Höre, sagt er zu seinem Steuermann, Du wolltest mit Deinen Kameraden gern eine freie Nacht haben, ich schlug es Euch ab, weil wir reisen wollten, aber ich habe mich anders besonnen, wir bleiben hier und Ihr könnt gehn.''

Die Schiffsmannschaft geht mit einem Hurrah für den Capitain on the spree. Der letztere steckt sich eine Cigarre an, und geht in Gedanken verloren am Bord des Dampfers auf und ab, bis der volle Mond herauf ist. Jetzt tritt der Capitain an das Hintertheil des Dampfers, wo derselbe an einem mächtigen Ahorn am Tau liegt und zerschlägt das letztere mit drei kräftigen Hieben seines Bowiemessers.

Kaum ist das Tau gelöst, so setzt sich der Dampfer langsam in Bewegung, denn die Strömung ist schon viele Meilen oberhalb der Fälle eine sehr starke.

Der Capitain tritt kaltblütig an das Steuerruder, klopft sich die Asche von der Cigarre und zwingt den Dampfer mitten in den Fluß. So geht es erst langsam, gleichsam Zoll vor Zoll, dann immer schneller und schneller den Fällen zu. Nach einer Stunde Fahrt, hört der Capitain schon das hohle Brausen des Sturzes, welches der Wind wie fernes Donnergrollen zu ihm herüber trägt. Nach und nach wird das Tosen

stärker und stärker, das Schiff geht schneller und schneller, die mondbe=
schienenen Bäume des Urwaldes tanzen wie phantastische Schatten an
den Blicken des Capitains vorüber, auf dessen Stirn bereits der kalte
Todesschweiß tritt. Noch zehn Minuten — jetzt sieht er vor sich den
Fluß aufleuchten wie in Wetterschein, Gischt und Schaum umsprüht
den Dampfer, welcher dem Fall so nahe ist, daß der Capitain schon die
Lichter im Canada=Niagara=Hôtel schimmern sieht, er zwingt das Schiff
durch die Felsblöcke, der Fall brüllt näher und näher, ein Schrei, ein
gräßlicher Fluch und —

Sentimentale Dame (dem Führer in die Arme sinkend). Man
sah' die Atome des Dampfers, als Sonnenstäubchen über den Fällen
schweben.

Führer. O nein! Wunderbarerweise kam das Schiff unten unzer=
stört an — ein Fall unter zehn Tausenden — und nur der Capitain
hatte bei dem Sprunge schneeweiße Haare bekommen.

Müller. Worum denn?

Führer. Aus Schreck und Angst!

Müller. Ick dachte der Gischt hätte abjefärbt. Und was is denn
schließlich aus ihm geworden?

Führer. Die Gläubiger schenkten ihm seine Schulden und dann
hat er viel Geld dadurch verdient, daß er seinen Dampfer sehn ließ. Aber
wir sind jetzt am Hufeisenfall; ist es gefällig hier einzutreten und
Regenmäntel umzunehmen?

Müller. Rejenmäntel? Wozu denn, es is ja det schönste Wetter.

Führer. Jawohl, aber unter dem Fall herrscht ein ewiger
Sprühregen.

Schultze. Na denn man immer los davor, man soll uns nich
nachsagen, daß wir vor Beschwerlichkeiten zurückjewichen sind! Aberst
wat nehmen Sie denn da vor eene Waffe mit?

Führer. Das ist ein Sprachrohr, mein Herr, um mich Ihnen in
der Grotte verständlich machen zu können.

(Die Reisenden betreten den schlüpfrigen Weg zur Regengrotte)

Sentimentale Dame (Müllern in die Ohren schreiend). Erlau=
ben Sie mir Ihren Arm, oder ich werde ohnmächtig.

Müller (schreit). Jetzt schon? Wir sind ja erst am Hölleneingang
mit die Devise: „voi chi entrate senza coraggio — bleibe draußen.

Führer (durch's Sprachrohr). Booorgesehn! — der kleinste Fehltritt und Sie sind verloren.

Schultze (schreiend). Hab'n Sie keene Angst, wir sind schonst aus die Jahre der Fehltritte hinaus. (Müller in's Ohr.) Wie jefällt Dich des, Müllär?

Müller (ebenso). Ick werde mir schonst hüten zu fallen.

Schultze. Nee! Ick meene wie es Dich jefällt?

Müller. Yes! Ick bejreife, daß Humboldt een so jünstiges Urtheil von die Jrotte jefällt hat. Der donnernde Wasservorhang vor uns un denn die Rejenbogenfarben, welche sich harmonisch mit die purpurne Finsterniß mischen, des is jottvoll!

Führer (durchs Sprachrohr). Hier hat Humboldt gestanden und seinen Namen eingegraben.

Schultze (brüllt). Ick sehe nischt.

Führer. Ganz natürlich! Erstlich ist es finster und zweitens hat der Tropfenfall, welcher zuletzt den härtesten Stein aushöhlt, den Namen verwischt.

Müller (zu einer Dame). Un die Pflanzenwelt hier unten.

Dame. Keine Beleidigungen, mein Herr.

Müller. Wofo?

Dame. Wie können Sie mit mir von Pflanzen reden.

Müller. Entschuldigen Sie, **ick meene blos** die Vegetation.

Dame. Gut, dann drücken Sie sich künftig gefälligst gleich so ästhetisch aus.

Führer (durchs Sprachrohr). Ich entzünde jetzt eine bengalische Flamme, merken. Sie auf die eigenthümlichen Lichtreflexe. (Rothfeuer= Beleuchtung.)

Schultze. Herrlich, jottvoll, famos!

Müller. Des nennt man Aquarell! Es ist jrade, als ob man rothe un blaue Tinten uf eenen meerjrünen Hintergrund malte.

Führer (durchs Sprachrohr). Nun merken Sie einmal auf den Schall, ich lasse einen Kanonenschlag los.

Dame (schreiend). Schonen Sie meine Nerven!

Schultze. Ach wat Nerven, die hätten Sie draußen lassen sollen, die Wissenschaft jeht über's Nervensystem. Schießen Sie man los!

Dame. Quel barbar! (Der Kanonenschlag explodirt.)

Müller. Nich bitter! Das is 'n Kanonenschlag? Bei uns nennt man das Knallerbse.

Dame. Gehn wir, oder ich werde taub!

Schultze. Ja, brechen wir auf! Mir fängt an schwindlich zu werden.

(Sie verlassen die Grotte).

Dame. O rosiges Licht, was ist der Mensch ohne dich.

Müller. Eene Cijarre ohne Feuer! Een Blitzstrahl ohne Licht! Een Rejenbogen ohne Farben.

(Die Gesellschaft begiebt sich auf den Thurm).

Dame. Die Natur ist doch in der That herrlich, welche Symetrie, welche groteske Schönheit im scheinbaren Chaos.

Müller. Die reine Wolfsschlucht aus'm Freischütz. — Aber sag' mal, Schultze, was hast Du denn immerfort durch Dein Perschwektiv zu kucken?

Schultze (schwer seufzend). Ach Müller, wenn Du ahntest!

Müller. Wat?

Schultze. Siehste da uf'n Felsen vis à vis jar nischt?

Müller. Nee, rein jar nischt!

Schultze. Na denn werfe mal eenen kurzjemessenen Oogenblick durch dieses jottvolle Opernjlas un bejammere mir.

Müller (durch das Fernrohr sehend). Ick sehe nischt, als eenen Felsen, jekrönt von eene lange Jungfrau im Flügelkleide, welche die Jejend „abschreibt,“ wie die Indianer sagen, un ick weeß beim blauen Deubel nich, weßhalb ick Dir bejammern soll?

Schultze (tragisch). Unglücklicher, un Du ahnst nischt?

Müller. Nee!

Schultze. Ick habe diese junonische Jestalt uf'n ersten Blick jeliebt! (Läuft fort.)

Müller (gedehnt). Ach sooo!

Aus Schultze's Tagebuch.

Ick möchte eene janze Seite Seufzer schreiben.

O unglückseeliges Flötenspiel, das mich niemals nich hätte infallen sollen! Nu is sie ausjezogen aus ihr Hôtel un ick weeß nich, wohin, blos weil ick ihr so herzzergreifende Weisen vorjeblasen habe.

Wenn ick ein Böglein wär' — man blos eene fette Wachtel! — Aberst des würde mich ooch nischte nützen, denn ick weeß nich, wo sie ihre flüchtigen Sohlen hingewendet hat. Ick werde suchen un wenn ick sie nich wiederfinde, denn jute Nacht Schultze — der Rest ist Niajara!

Mein Leben jleicht eener „dunklen Stunde" von Hackländer, wenn mich Ihre Dogensterne nich leuchten, un ick komme mich vor wie een „Künstlerroman" ooch von Hackländer, aberst kürzer un mit een hoch-trajisches Ende.

Nu bin ick wieder zwölf Stunden lang 'rumjeloofen un habe ihre Spuren jesucht, wie Hinko der letzte Mohikaner. Ick jloobe sie is det bekannte „Mächen aus die Fremde," welche eene Zeit lang bei Schillern diente, denn ihre Spur is mich ooch verloren jegangen, ehe sie Abschied nahm.

Wat is der Niajarafall gegen meine Liebe? Spaß! Er is Wasser un meine Liebe is reenes Feuer.

Jefunden.

Am Abjrund bin ick hinjewallt,
Mit Zittern un mit Zagen,
Un habe Thränen im Doge jehabt
Un Liebeswahnsinn im Magen.

Ick hab' ihr jesucht Berg uf, Berg ab
Bei jede olle Ruine,
Un habe jewendet jeden Stein
Nach meine süße Undine.

Des Niajaras Donnerjebrüll
Konnt' meinen Schmerz nich betäuben,
Ick konnte nich essen Beefsteak un Ei
Un nich mal Verse schreiben.

Ick ward so mager wie een Gaul,
Der eene Mühle jetreten,
So mager wie een Bettelpsalm,
Den feiste Mönche beten.

So zog ick hoch am Bergesrand
Wo blaue Nebel wallen;
Der Bergeshang is abjerutscht
Un ick bin 'runjefallen.

Un fiel zu ihre Füße hin,
Denn sie that unten sitzen
Un that auf feines Bellnpapier
Die romanhafte Jegend skizzen.

Da sprang sie uf un lief zu mich
Un hat so süß jesprochen:
„Nu hat der verliebte Esel sich
„Jewiß den Hals jebrochen!"

Ich aber sprach: „Fräulein, ach nee,
Ick wollte man just zu Tische!"
Un kloppte mich die Hosen ab
Un schlug mir in die Büsche.

Jetzt weeß ick wo sie wohnt, ick habe mir nämlich von'n Bergsturz
aus nachjeschlichen un schonst mit ihre Kammerkatze in Verbindung jesetzt.
— — Ick hätte det Mädchen küssen mögen, wenn et nich so eene kurze,
dicke, runde, rothe Personasche wäre, welche ick nich ausstehn kann, un
wenn ick nich jrade die junonische Jestalt ihrer Herrschaft im Herzen
hätte. O, Ida, Ida, Ida! so heeßt meine Flamme nämlich mit'n
Vornamen.

Un det beste is, Müller ahnt jar nischt, wo ick mir 'rumtreibe un
kann deßhalb ooch nich klatschen. Ick hab' ihm schlauer Weise ufje-
bunden, ick triebe astronomisch-geologisch-antediluvianische Studien, wenn
ick so uf die Berge 'rumklettere un hinter den „Strumpfband meiner
Liebeslust" her bin. — Da kommt er jrade, det heeßt Mül —

Nachtjedanken am Niajara
von
Müller.

* Wenn so der Mond uf die silbernen Fluthen des Niajaras reflectirt un im stillen Urwald der Wipporwill schreit, denn reflectire ick ooch un meine Seele wirft Blasen wie der Fluß un ick stürze brausend in den schaurigen Abjrund tiefer Jedanken.

* Was is der Mensch, wenn er am Niajarafall steht un was is er erst, wenn er 'rinfällt un nich die colossale Sau von den Capitain hat, der seine Jläubiger beschwindeln wollte? Ick kann den Jedanken nich ausdenken, un doch is Blondin 'rüberjeschwankt un hat noch eenen mit sich jenommen, der wie een Alp oder 'n Huckemännchen uf sein Jenicke jesessen hat.

* Wo am Lichte des Tages die Rejenbogen spielen, tanzen des Nachts Elfen im Mondschein. Wenn ick mal nach mein Ableben spuken jehe, denn treibe ick mir bei die Fälle 'rum un kneipe die Elfen

in die Waden, det heeſt positum, wenn ſe nich ooch ausjeſtoppt ſind, wie die bekannten Erbwaden von't Corps de Ballet.

* Ick habe eene Flaſche Cliquot vor mich, un der Champagner ſchäumt un perlt im Jlaſe, wie draußen der Niajara un inwendig ſchäumt es un perlt es in meiner Seele. Was könnten Einem in ſolcher Situation für Gedanken kommen, wenn ſie nur kommen wollten.

* Wenn ick ſo det nächtliche Jetrommle von die Ochſenfröſche höre, ſo kommt mich des immer vor, als ob ſie blos ſo brüllten, um den Donner des Niajara zu überſchreien. So is et ooch in der Welt, die kleenen Kröten ſchreien ſich heiſer, um die jroßen Menſchen zu überſtimmen — ſchließlich aberſt is Allens Ochſenfroſch.

* Hier in die Nähe hauſen noch Indianer, aber zahme, die nich mal mehr Maulkörbe jebrauchen, ſondern ruhig aus die Hand freſſen. Sie leben von Trinkjelder un Perlarbeiten, wat ſie Wampum nennen. Uf 'm Wege zu dieſe Wampum-Indianer habe ick die amerikaniſche Briefpoſt jeſehn, welche ſie hier, in Jeſtalt von eenen Blechkaſten an 'n erſten beſten Urwaldboom ufhängen. Jeder Vorüberjehende iſt Poſtmeeſter honoris causa, er thut ſeine Briefe 'rin, ſieht die Andern nach un nimmt mit, wat vor ihm, oder ſeine Freunde is. Ick finde dieſe Einrichtung niajarahaft fein, denn wozu ſoll man Poſtjeld ausjeben, wenn man det Poſtlooſen ſelbſt beſorgt.

Müller an ſeine Gattin.

Niagara Hotel on the Canada side.
Dearest wife.

Wenn ick Dir von hier aus ſchreibe, ſo kannſt Du daran ungefähr meine Liebe un Sehnſucht nach Dich ermeſſen. Die erſtere is ſo bodenlos wie die Fälle un die letztere ſo wild wie der Niajara, wat alſo uf alle Fälle eenen Verjleich mit die Niajarafälle ausjält, wodurch Du wieder eenen ſchlagenden Beweis von meine Logik bekommſt.

Hier is Allens Jejend un Romantik! Antirheumatismusbäder kann

man nebenbei ooch nehmen un viel Geld „verjämpeln", wenn man näm=
lich welches hat, womit ick jedoch durchaus nich jesagt haben möchte, daß
wir ooch in diesem casus belli (schönen Fall) sind. Ick bin janz im
Jejentheil in tiefe Studien bejriffen un bekümmere mir sehr wenig um
die Außenwelt, wenn diese nich zufällig in Jestalt von eene gesalzene
Wirthshausrechnung an uns herantritt. Ick bin eene janz ideale Natur
jeworden un unterscheide mir dadurch vortheilhaft von dem materiellen
Schultzen, der sich unter falsche Vorwände 'rumtreibt, eejentlich aber eene
unlautere Liebschaft hat, die er meiner Moralität verheimlichen will.

Schultze nennt des geologisch=astronomisch=moralische Studien, ver=
gißt aber dabei sein Tagebuch inzuschließen un da habe ick denn freilich
jefunden, daß allens geologen is.

Er is wieder mal verliebt der olle, ehe vergessene Sünder un zwar
doll un voll, wie eene achtzehnjährige, bleichsüchtige Jungfrau, denn er
treibt sich den janzen Dag in die Natur 'rum un Abends schleicht er
mit die Guitarre fort un detonirt hals= un herzbrechende Liebesserenaden,
daß der Wipporwill erschreckt stilleschweigt un die Leuchtkäber aus Zorn
ihren Glanz verlieren. Doch seine joldene Ader der Poesie fließt jeden
Oogenblick über un folgende Stammbuchverse, welche, wie Du siehst, von
Schultzens eigene Hand sind, habe ick irgendwo als fliegendes Blatt
jefunden.

Bewahre mich folgendes opus delicti:

An Ida.

Wenn ick als Schwalbe flöge
Zu Dich an's Fensterlein
Un — Thränen in der Stimme —
Dir bäte: „Laß mich ein!"

Wenn ick als Rose neigte
Zu Dich die Farbenpracht
Un Duft Dich spenden wollte
In kalter Winternacht.

Würd'st Du die Schwalb' un Rose
Nicht Rast un Obdach leih'n,

Sie still am Busen wärmen
Un jüt'ge Mutter sein?

Jewiß, Du liebst die Blumen
Um ihrer Düfte Weh'n —
Wie würde schön et riechen,
Wenn wir beisammen stehn!

Un wie in Schutt un Trümmer
Die Memnonssäule klingt,
So singt der müde Barde,
Der Dich zu Füßen sinkt.

Laß seine Töne wallen
Dich voll in's Herz hinein,
Ick will, o Herbstzeitlose,
Dich letzte Rose sein.

Dat wünscht Sie von Herzen Ihr
Schultze mit 'n tz.

Wie Schultze uf seine ollen Dage noch dazu jekommen is, sich so halsverbrecherisch zu verlieben, will ick Dich kurz erzählen, ohne jedoch damit Veranlassung jeben zu wollen, daß Du jleich wieder zu die olle Schultzen hinloofst un ihren Mann verketzerst.

Wir werden also die Niajara-Jrotte besuchen un denn ooch uf'n Thurm 'ruffsteigen, um von dort aus det riesige Panorama zu bewundern, welches sich, wie sich mein Vetter „von Müller" ebenso schön als unklar ausbrückt, „wie eene Perle in eene riesige vejetabile Austernschale" vor uns ausbreitet.

Schultze war Morjens noch janz jesund ufgestanden un ick hatte an ihn noch jar keene Spuren von Wahnsinn entdeckt, bis ick ihn 'ne janze Viertelstunde lang immer uf eenen Fleck durch's Perschwektief jlotzen sehe. Ick werd' ihn nu fragen, wat er denn eejentlich sieht un ganz verdrehte Antworten von vis à vis un Aussicht kriegen, bis ick endlich dahinter komme, daß er sich wieder mal, uf zwee englische Meilen Distanz, verliebt hat.

Kaum habe ick die Entdeckung jemacht, so is ooch mein Schultze verschwunden un läßt sich den janzen ausjeschlagenen Dag nich mehr sehn. Wat nu passirt is, weeß ick nich jenau, aberst ville Jutes is et

6*

nich jewesen, det beweist mich Schultzen seine Discretion, die immer nich weit her war, wenn er reüssirt hatte, un sein Tagebuch, wo er lauter sentimentalen Kohl 'ringeschrieben hat. Außerdem wurde er von die unerwiederte Liebe so mager, daß ihm der Mond durch die Rippen lachte, wenn er Abends flöten jing.

Durch alle diese jeheimnißvollen Verhältnisse werde ick neugierig uf Schultzen seine Flamme, schleich' ihm nach un werde nu erst entdecken, daß sie vor seine Flöte flöten jegangen is un daß er jar nich mehr weeß, wo sie eejentlich steckt.

Die stille Resignation, welche sein Jesicht in meine Jejenwart heuchelte, war im Freien janz verschwunden un ick hörte ihn immer stille vor sich hin monotonisiren: „Jott, wo mag sie blos hin sind? Wenn sie sich aus Verzweiflung über meinen nächtlichen Diskant nur keen Leid's anjethan hat! — Die eenzige Rettung sind blos noch die Wampum-Indianer, vielleicht studirt sie bei die „Anatomie der braunen Race", oder ick finde da eenen Nathanael Bumpo, der suchen hilft.

Unter diese un ähnliche Jeremiaden, unter Seufzen, Stöhnen un Oogenverdrehen, wird er also die sechs Meilen zu die Wampums traben un ick werd' ihm nachschleichen wie sein böses Gewissen. Als wir ankommen bei die Wigwämser kriegt Schultze den ersten besten Indianer beim Kripps un sagt „Hugh!" zu ihm, wat uf jut deutsch: „Nu paß mal uf!" heeßt.

Der Indianer sagt nu ooch „Hugh!" wat aber in diesem Falle heeßt: „Ick höre!" un nu jeht det Parliren los.

„Hef ju not sien, sagt Schultze uf wampumindianisch, wonn lädy werri long un tinn, abaut sechs fiet hei, welche abschreibt die wiß from niagarafalls?"

Der Indianer macht nu een paar jroße Kannibalenoogen, erräth aber jleich, vermöge seines wilden Instinctes, wat Schultze will un erwiderte in dieselbe Sprache:

„Yes! Squaw, werry long un tinn, Smokfoot (so nannte sich nämlich der wilde Krieger) häv sien daun där."

„Na, denn jehn wir mal los!" sagte Schultze uf indianisch un nu friecht Smokfoot wie die „große Schlange der Mohikaner" voran, um uns seine wilde Tugenden in 't schönste Licht zu setzen, für den Fall,

dat Schultze vielleicht een verkappter Gerstäcker oder Cooper wäre.
Schultze natürlich uf alle Viere hinterher wie een wirklicher Wampum.

So krauchen se nu eene jute halbe Stunde fort, bis uf eenmal die
Rothhaut stille liegt, „Hugh!" sagt un eene Handbewegung macht, als
ob Schultze näher kommen sollte. Schultze ahnt noch jar nischt Böses
in seine bodenlose Verliebtheit un ohne zu bedenken, daß er weder eenen
Revolver bei sich hat, noch mit det braune Unseheuer den Calumet oder
die Friedenspfeife roochte, kriecht er näher un biegt sich arglos über eenen
Bergabhang, welchen der Indianer mit eene graziöse Handbewegung hinab-
deutet. Kaum is Schultze eene halbe Minute in seine beobachtende
Position, so springt Smokfoot mit Kriegsgeheul uf, zieht een scheußliches
Messer, setzt Schultzen den Fuß uf det untere Theil des Rückrades un
packt ihn beim Schopf, um ihn hinterrücks zu scalpiren. Ick stehe wie
starr, jeder Ton is mich in die Kehle festjefroren un ick halte Schultzen
vor verloren, da macht er eene energische Bewegung der Sehnsucht nach
vorn un segelt mit dem janzen mitleidigen Bergsturz in die Tiefe, während der entsetzte Wilde Schultzen seine olle Perrücke in die Faust
behält.

Nu löst sich ooch bei mich der Schreck, ick packe meinen Regenschirm
un stürze mir mit Wuthjeschrei uf den Canadier, „der Europens über-
tünchte Höflichkeit nich kannte" un sich eilig seitwärts in die Büsche schlug.

Mit „Mutter der Weisheit" trete ick nu an den Abhang un sehe,
daß Schultze zwanzig Fuß unter mich uf'n Bauch liegt, un daß seine
Flamme leibhaftig, lang un dürr wie eene Altarkerze neben dem Opfer-
schaf, bei ihm steht un ihn mit dem Sonnenschirm piekt, wahrscheinlich,
um sich von dem Grade seines Todtseins zu überzeugen. Schultze nämlich in dem Jlauben, daß der Indianer ihm auf den Fersen sei, hatte
zu das letzte und verzweifeltste Rettungsmittel jegriffen, sich todt zu
stellen. Wie ihm aber das Pieken zu doll wurde, konnte er doch nich
umhin, sich zu bewegen un die Oogen 'n kleen bisken ufzumachen. Bemerken, daß statt dem gefürchteten Mohikaner die angebetete Ida vor
ihm steht und aufspringen war für Schultze der Moment eines Augenblicks. Mit ausgebreitete Arme will er auf ihr zu; sie aber, die jetzt
erst hinter die ungefährliche Natur von Schultze's Scalpirung zu kommen
schien, wendet sich schaudernd ab und mit einem Ausruf, der, meiner
Ansicht und dem Ausdrucke ihres Jesichtes nach, etwa „Scheusal" oder

„Ungeheuer" bedeutet haben muß, schlägt sie sich in den Urwald. — Schultze, immer noch mit ausgebreitete Flügel, bleibt in völliger Erstarrung stehn.

Das war das Ende von der Geschichte; denn seit diesem Dage war Ida von der Umgegend der Fälle verschwunden. Das Einzige, was von ihr zurückblieb, is eene halbfertige Zeichnung, die sie in der Beſtürzung des Augenblicks auf der Stelle, wo Schulze ſich todt ſtellte, verjeſſen hat. Vermuthlich ſoll es eine Jejend vorſtellen, jedoch bin ick noch nich dahinter jekommen, was auf der Zeichnung oben un unten is. — Schulze bewahrt ſich dieſelbe wie ein Heiligthum auf. Ueberhaupt jlaubt er noch immer nich, daß er verſchmäht ſei. Noch immer hofft er, in der Wildniß die Spuren der Jeliebten wiederzufinden und ſchwört, nich wieder nach Europa zurückzukehren, ſondern zu ſuchen, bis er ihr jefunden oder bis die Wehmuth ihn aufjerieben hat.

Natürlich bin ick über ihn entrüſtet, denn für einen erwachſenen Ehemann und Vater, wie Schulze, ſcheinen mir doch ſolche Aventüren jar nich mehr zu paſſen. Womit ich auch ferner verbleibe Dein allerjetreueſter Jatte

Müller.

Müller an Schultze's Frau.

Freundin meiner Zattin!
Zattin meines Freundes!

Erschrecken Sie nicht, Madame, wenn ich in Vertretung Ihres Gemahls an Ihnen die Feder ergreife. Es geschieht dies allein aus dem Irunde, weil es immer unwahrscheinlicher wird, ob er Ihnen selbst jemals wieder schreiben oder mündlich über seine eigenthümlichen Aben- teuer Bericht erstatten wird; for I suppose, you will never see him again. Lassen Sie sich diesen letzten Satz langsam und vorsichtig von einem gewiegten Engländer übersetzen. Er enthält nichts Verfängliches, sondern nur etwas, was ich Ihnen aus Zartgefühl auf Deutsch mitzu- theilen mir nicht getraue.

Um Jotteswillen — hör' ich Ihnen fragen — is Schultze dodt? Nur heraus damit, damit ich anfangen kann, mir zu fassen.

Beruhigen Sie sich, Madame! Schultze is nich dodt, er is in seinem Aeußern sogar noch ziemlich derselbe. In seinem Innern aber ist leider eine jroße Umwälzung vor sich gegangen. Seit ihm in der Jegend des Niajara gewisse Abenteuer zugestoßen sind, welche näher an- zudeuten die Diskretion mir verbietet, hat eine düstere Melancholie in seinem Jemüthsleben um sich jerissen. Er will nichts von die Welt mehr wissen. Sein janzes Trachten geht darauf hin, nach dem fernen Westen zu ziehen und dort als einsamer Farmer allmählich zu ver- schallen oder verschellen — ich weeß nicht, wie es heißt. Da will er denn im Kampfe mit der Rothhaut des Urwaldes, auf der Eichhörnchen- und Bären=Jagd und bei andre wilde Verjnügungen das Gewühl des Lebens — wie er sich ausdrückt — in die Vergessenheit schlagen.

Madame! Es thut mir leid, Ihnen das mittheilen zu müssen, aber als gemeinschaftlicher Freund kann ich nicht anders: es ist nicht Schultze's Absicht, Sie und die beiderseitigen Pfänder der Liebe nach dem fernen Westen nachkommen zu lassen.

So! es ist heraus, ich fühle mir erleichtert und kann mir nun in Ruhe mit Ihnen über das, was in diesem verzweifelten Falle zu thun ist, bereden. Die ganzen Tage über, seit wir wieder in New-York sind und Schultze auf den Landkarten der westlichen Staaten seine Gedanken in den Wäldern spazieren führt, sinn' ich darüber nach, wie der ganz Verblendete zu retten wäre. Endlich bin ich auf ein Mittel gekommen, das allerdings ein gewagtes ist, insofern es sich über die Regeln der strengen Wahrhaftigkeit hinwegsetzt. Aber, Madame, es giebt nur dies eine Mittel, um Schultze der Civilisation, die auf ihn rechnet, der Gesellschaft, die ihn nicht missen kann, den Seinigen, deren Stütze und Stab er sein sollte, zu erhalten

Ich weiß nicht, ob Sie schon bemerkt haben, daß in Schultze eine verborgene Ader des politischen Ehrgeizes schlummert. An diese müssen wir uns klammern, diese zum Ausbruch bringen, wenn Schultze gerettet werden soll. Ich bitte Ihnen, Madame, melden Sie Ihrem Jatten eiligst und zwar per Kabel — denn: periculum in moribus! — daß er von irgend einem obscuren Wahlkreis, z. B. von Schievelbein, in den Reichstag gewählt ist. So wie ich Schultzen kenne, wird er dann sofort seinen Koffer packen und nach Hause fahren, um in Europa diejenige Stellung, welche — wie er meint — seinem politischen Talente zukommt, unverzüglich einzunehmen.

Mit Vernunftsründen ist Schultzen jetzt nicht beizukommen; wenn wir aber es so machen, wie ich vorschlage, werden wir die jetzt in ihm jrassirende Leidenschaft durch eine noch stärkere überstechen. Ist er nur einmal wieder in Berlin, so werden Sie ihm auch schon wieder zur Vernunft bringen.

Noch einmal, theuerste Madame Schultze, schicken Sie schnell die Depesche! Denn ich wiederhole: dies ist das einzigste Mittel, Schultzen nach Europa, resp. in Ihre Arme zurückzulocken.

Ueber mir selbst schweige ich vorläufig. Umstände, Verhältnisse, Combinationen eigenthümlicher Art werden mir wohl noch eine jeraume Zeit, wenn nicht für immer, in Amerika zurückhalten; — wovon Sie übrigens meiner Frau nichts zu sagen brauchen. Das ist aber kein Grund für mich, auch Schultzen zum Hierbleiben zu bewegen. Wenn es — was immerhin möglich is — mit mir schief geht, so soll man doch nicht von mir sagen, daß ich einen Freund dazu bestimmt habe, den Waggon seines Lebens an die vielleich dem Abgrunde zurollende Lokomotive meines Illicks anzuhängen.

Womit schließend, ich verbleibe in unerschütterlicher Hochachtung und Freundschaft

Ihr

Zatten= und Hausfreund

Müller.

P. S.

Um zu zeigen, wie weit bereits bei Schulzen die Zeistesstörung gediehen ist, lege ich diesem Brief ein bei ihm aufgefundenes und heimlich von mir abgeschrieb'nes Zedicht bei.

Beilage.

Sehnsucht nach dem Urwalde

von Schultze.

Zum Urwald möcht' ick ziehn, wo durch das Dunkel
Des Dickichts sprüht der Leuchtwurm sein Zefunkel;
Wo durch die Wildniß die Cascaden schäumen,
Der Sturmwind braust in riesenhaften Bäumen —
Da möcht' ich hin!

Wo aus dem Urwaldsumpf, voll jist'ger Jase,
Der Allijator hungrig streckt die Nase;
Der Jaguar nachschleicht verirrtem Wandrer;
Wo meines Namens nie sich zeigt ein Andrer —
  Da möcht' ick hin!

Wo ins Jezweige sich der Affe schaukelt,
Der Kolibri um Wunderblumen jaukelt,
Die Klapperschlange jistjeschwollen klappert —
Der Papajei von alte Märchen plappert —
  Da möcht' ick hin!

Wo raschelnd durch's Jestrüpp und durch die Binsen
Der Wilde schlüpft, scalplüstern und mit Jrinsen;
Der zott'ge Bär in Bergesklüften kauert,
Wo er geduldig auf dem Fremdling lauert —
  Da möcht' ick hin'

Wo manchmal nur durch tiefe Urwaldsſtille,
Unheimlich ſchallt ein jräßliches Jebrülle;
Wo mir beſchieden wär', total verſchollen,
Den tiefen Jroll des Buſens auszujrollen —
Da möcht' ick hin!

Wo Einſamkeit die Bruſt erfüllt mit Jrauen,
Möcht' ick am Bach mein kleines Hütt'chen bauen;
Des Eichbaums karge Frucht zufrieden eſſend,
Die Welt und Müllern und mich ſelbſt vergeſſend —
Da möcht' ick hin!

❊ Schultze an Müller's Frau. ❊

New-York in Amerika.

Hochachtungsvoll ergebenste Freundin!

Jlauben Sie nicht, daß ein jroßes Unjlück ausgebrochen ist, indem ich an Ihnen schreibe, was allerdings gewöhnlich nur dann geschieht, wenn mit Müllern irjend was Schreckliches los ist. Jeschehen ist bis jetzt noch nichts, aber es ist die höchste Zeit, daß dem Ausbruch eines unberechenbaren Unheils vorgebogen wird. Ohne Ihnen länger auf die Folter der Erwartung zu spannen, will ich Ihnen ohne Umstände den ganzen Sachverhalt darlegen.

Müller — ich kenne Müller länger als Sie und darf mich daher offen über ihm äußern — Müller hat entschieden seine guten Seiten. Er ist von einer Leichtjläubigkeit, die ihn jedem Spitzbuben, mit dem er zu thun hat, rettungslos in die Hände liefert; er hat eine Jutmüthig= keit, die schon mehr Jeistesschwäche zu nennen wäre; er besitzt endlich einen Leichtsinn, der ihn oft schon an den Rand des Verderbens ge= bracht hat. Aber eine schwache Seite habe ich doch an Müllern, so lange ich ihn kenne, zu bemerken Jelegenheit gehabt: er ist durchaus kein Jeschäftsmann. Wäre er von Jugend auf auf's Jeldverdienen ange= wiesen gewesen, so würden Sie jar nicht die Ehre jehabt haben, ihn kennen zu lernen; denn in diesem Fall wäre er überhaupt nicht jroß jeworden. Sagen Sie mir, ob es wahr oder unwahr ist, was ich sage! Pflegten Sie nicht immer, wenn er sich einen neuen Hut oder ein Stückchen Hosenzeug kaufen wollte, zu mir zu sagen: Um Jotteswillen, Schultze, jehen Sie mit ihm, er läßt sich sonst wieder auf die jraulichste Weise übers Ohr hauen?!

Dieser Müller nun, der sich immer die falschen Vierjroschenstücke in die Hand stecken läßt, dem immer der neue Ueberzieher wegkommt, der sich immer die Zehnen blank spielt und die Vierzig zerreißt, der immer überall die meisten Haue kriegt: — dieser Müller is auf den Jedanken gekommen, hier in Amerika unter die jeriebensten Leute von der Welt sein Jlück zu machen! Er will hier bleiben, sich als irjend was etabliren und erst, wenn er sich ein jroßes Vermöjen erworben hat, wieder nach Europa zurückkehren. Das heißt soviel, als: er wird jar nich wieder zurückkehren, sondern er wird hier entweder im Irrenhause oder als Steinklopper oder — wenn er es mit Mogeln versucht — im Jefängnisse enden. Ich hab ihm das vorgehalten, aber er is so sehr von Jeldgier und Jewinnsucht erfüllt, daß jar kein vernünftiges Wort nich bei ihm Anklang findet. Ich bitte Sie bloß: Müller sein Jlück machen! wo das Jlück ihn noch immer jemacht hat!

Bedauernswerthe Freundin! es is leider die reine Wahrheit was ich Ihnen einschenke. Wenn Müller nich bald auf andere Jedanken kommt, so haben Sie keine Aussicht, ihm jemals wiederzusehn. Lassen Sie mir Ihnen jetzt einen Ausweg aus dieser Bedrängniß mittheilen, den mir die verjangne Nacht der Traumjott vorgespiegelt hat.

Wir müssen Müllern weis machen, daß ihn zu Hause in Berlin ein unerhörter Jlücksfall betroffen hat. Benachrichtigen Sie ihn sofort und zwar per Kabel, daß Sie für ihm in der Lotterie gesetzt und das jroße Loos oder wenigstens einen juten Theil davon jewonnen haben. Er wird sich wohl denken können, daß Sie ihm das Jeld nicht nach Amerika schicken werden. Ich bin fest überzeugt davon, er wird nichts Eiligeres zu thun haben, als einzupacken und mit dem nächsten Dampfer nach die alte Welt zurückzufahren. — Sollten Sie aber aus moralischen Jründen vor diesem Mittel zurückschaudern, so kann weder ich noch sonst Jemand Ihnen wieder zu ihrem Jatten verhelfen.

Ueber mir selbst kann ich nur so viel mittheilen, daß jewisse Jemüths-bewejungen, die in mir vorgegangen sind, es mir zur unabweisbaren Pflicht machen, als einsamer Blockhausbesitzer in den Wäldern des fernen Westens Zerstreuung und Erholung zu suchen. Umrauscht vom Urwalde, werde ich mein vielbewegtes Leben in Frieden beschließen. Ich wünsche aber nicht, daß Müller mir in meine Zurückgezogenheit folgt; ich bin der Jesellschaft im Alljemeinen und — offen jesagt — auch der Jesell-schaft Müllers überdrüssig. Da kommt er eben. Sein Jesicht ist fahl, seine Nase ist spitz, sein Gang ist schlotternd. Wahrscheinlich will er mir einen Handel in Petroleum oder Baumwolle oder sonst ein blöd-sinniges Jeschäft vorschlagen. Verehrte Freundin! handeln Sie schnell, ehe es zu spät ist.

Ihr
Ihnen und dem alten Continent
Lebewohlsagender

Schultze.

P. S. Meiner Frau dürfen Sie von meinem Entschluß in Bezug auf den Urwald noch nichts sagen.

Die Ueberraschung.

(Müller und Schultze sitzen in ihrem Hôtel in New-York schweigend und tief in Gedanken beim Frühstück).

Schultze. Ach du lieber Himmel!

Müller. Ach Jott! ach Jott!

(Lange Pause).

Schultze. Müller, Du sagst ja heut wieder jar nischt!

Müller. Was soll ich Dir sagen? Du hörst ja doch nicht auf mir.

(Wieder lange Pause).

Schultze. Müller, wenn ich Dir doch endlich los wär'!

Müller. Schultze! ich hab' Dir ja schon oft gesagt, Du kannst jeden Tag abreisen, wenn —

Telegraphenbeamter (eintretend und den Freunden zwei Depeschen überreichend). Zwei Kabeldepeschen für die Herren Müller und Schultze aus Berlin.

Müller und Schultze (zugleich). Die sind wir! Her damit!

Telegraphenbeamter. Wünsche angenehme Nachrichten! (Entfernt sich.)

Müller (der seine Depesche erbrochen und gelesen hat). Au: Donnerwetter!

Schultze (ebenso). Schwere Jagd noch 'mal!

Müller. Was hast Du? doch kein Unglück?

Schultze. Was hast Du?

Müller. Nu sieh, es is doch manchmal jut, wenn die Frau ihrem Mann nich jehorcht. Ich hab' meiner gesagt, sie sollt', während ich

weg wär', das Lotterieloos nich erneuern. Nu hat sie doch weiter ge=
spielt und — hurrah! das Viertel vons jroße Loos is auf uns gefallen.

Schultze. Müller! ich jratulire Dir, aber ich beneide Dir nich.
Ich hab' einen jrößern Treffer gezogen. Hör einmal: „Der Rentier
Schultze aus Berlin, augenblicklich in Amerika verschollen, ist nach hart=
näckigem Wahlkampf vom Wahlkreise Schievelbein mit drei Stimmen
Majorität in den Reichstag des norddeutschen Bundes gewählt worden.“

Müller. Schultze! das freut mir aufrichtig, wenn ich auch be=
fürchten muß, daß Du dieser Aufgabe nicht völlig gewachsen bist.

Schultze. Müllerken! das is jetzt meine Sache! Ich habe, Jottlob,
nicht Dir, sondern Schievelbein, was ein aufjeklärter Ort ist, zu
vertreten.

Müller. Willst Du denn wirklich hin? Ich glaubte, Du wolltest Dir hier in Amerika anbauen.

Schultze. Wenn das Vaterland ruft, müssen alle andern Rücksichten schweigen. Ich reise mit dem nächsten Schiffe zurück, um meinen Sitz im Reichstage einzunehmen. — Du bleibst natürlich in Amerika?!

Müller. Nein, Schultze! Ich habe mir anders besonnen; ich reise mit Dir nach Hause, um das Feld zu erheben.

Schultze. Bravo Müller! — Aber hör einmal: Du bist jetzt ein reicher Mann geworden — wirst Du, wenn ich einmal in die Lage kommen sollte, auch für mich etwas übrig haben?

Müller. Verlaß Dir drauf! Ich werde mindestens vorkommenden Falls für Deine Hinterbliebenen in einer Weise, die meinen Mitteln entspricht, zu sorgen wissen.

Schultze. Ich danke Dir vorläufig. — Müller! ich sehe dieses Mandat nur als einen Vorläufer des Portefeuilles an. Sobald ich dasselbe in Händen habe, werde ich Dir eine Stellung anweisen, die Deinen bescheidenen Ansprüchen und Fähigkeiten angemessen ist.

Müller. Und nun sei aller Groll zwischen uns vergessen!

Schultze. Noch einen vergnügten Tag wollen wir uns in der neuen Welt machen und dann —

Müller. Nach Hause! nach Berlin!

Schultze. So ist es beschlossen.

Auf der Heimfahrt.

Schultze und Müller haben sich soeben an Bord eines nach Europa fahrenden Dampfers begeben. Während das Schiff sich in Bewegung setzt, entspinnt sich folgender Dialog zwischen den beiden Freunden:

Schultze.

Sieh! die Anker sind gelichtet, die Maschine ist in Jang;

Müller.

Nach der Heimath ist gerichtet unser Fahrzeug — Jott sei Dank!

Schultze.

Einmal noch, o Müller, kehre Deinen Blick zur neuen Welt!

Müller.

Lebe wohl, du Hemisphäre, wo der höchste Jott das Jeld.

Schultze.

Wo wir wacker uns getummelt, manches Neue thäten schau'n.

Müller.

Wo der Mensch gemüthlos kummelt und nicht selten wird gehau'n.

Schultze.

Endlich schlug die Trennungsstunde und wir bringen nichts zurück —

Müller.

Als uns selbst! das ist im Jrunde, Schultze, doch ein jroßes Jlück.

Schultze.

Wie zurück die Ufer weichen, werden mir die Augen feucht.

Müller.

Lieber Schultze, mir desjleichen; doch schon wird das Herz mir leicht.

Schultze.

(Müllern die Flasche reichend.)

Trink noch einmal, alter Knabe, denn das macht die Knochen fest.

Müller

(nachdem er getrunken, die Flasche zurückgebend).

Trink auch Du den Trank der Labe und dem Meerjott gieb den Rest.

Schultze.

Zu dem Meerjott laß' uns flehen, daß er jünstig uns gesinnt.

Müller.

Daß wir glücklich wiedersehen Haus und Hof und Weib und Kind.

Schultze.

Horch! die Fluth schlägt an die Planken; — aber Müller, was
ist Dir?

Müller.

Schultze! Schultze! in Jedanken war ich schon zu Haus bei mir.

Schultze.

Müller, ja! das Wiedersehen wird erjreifend sein zu Haus.

Müller.

Zu der ersten Weißen jehen wir sofort zusammen aus.

Schultze.

Und zu Haus wie Jrgendeiner stehn wir da!

Müller.

Geehrt und groß.

Schultze.

Das Mandat schon wartet meiner.

Müller.

Meiner schon das jroße Loos.

Schultze.

Müller, wenns auch nicht so wäre und das jroße Loos nicht Dein?

Müller.

Schultze, wenn auch Dir die Ehre nicht geschäh' von Schievelbein?

Schultze.

Müller, dennoch kehrt' ich gerne —

Müller.

Und auch ich kehrt' gern zurück.

Schultze.

Sieh! wir suchtens in der Ferne, was so nahe liegt, das Glück.

Müller.

Leb' denn wohl, du ferner Westen, dem wir ohne Gram entfliehn!

Beide.

Denn bei Muttern ist's am besten und es giebt nur ein Berlin!

Berlin, Druck von W. Baxenstein.